Georg
Bitter
Verlag

Werenfried van Straaten o. praem.

SIE NENNEN MICH SPECKPATER

Georg Bitter Verlag Recklinghausen

CIP-Titelaufnahme der Deutschen Bibliothek

Straaten, Werenfried van:
Sie nennen mich Speckpater / Werenfried van Straaten –
156.–170. Tsd. – Recklinghausen: Bitter, 1989

ISBN 3-7903-0369-0

156.–170. Tausend (1989)

Durch Pater Werenfried van Straaten überarbeitete Neuauflage 1988.
Gesamtherstellung: Ebner Ulm. Printed in Germany.
Gesetzt aus der Times.
Mit Erlaubnis des Abtes von Tongerlo J. M. Boel (15. Juni 1961). Imprimatur Nr. 4-213/64 Monasterii, die 7 Julii 1964. Böggering, Vicarius Episcopi Generalis.

ISBN 3-7903-0369-0

PRO HOMINIBUS CONSTITUTUS

Man muß ihn gern haben, diesen flämischen Schwarz-Weiß-Maler, diesen Herold der unbedingten christlichen Nächstenliebe, diesen großartigen Überwinder nationaler Gegensätzlichkeiten, P. Werenfried van Straaten.
Es mag Ende der 40er Jahre gewesen sein, als ich ihn in Königstein/Taunus zum erstenmal kennenlernte. Damals schon erzählte er von seinem Erlebnis in Vinkt, und ich war ganz gefangen von dem, was er berichtete und wie er es sagte. Da sprach ein unverbesserlicher Optimist, der die Menschen für besser hält als ihren Ruf; man müsse nur das rechte Wort finden, um sie zu den größten Opfern zu begeistern. Da sprach ein Mann mit einem goldenen, humorvollen und tiefempfindenden Herzen, ein bescheidener und tieffrommer Priester und Ordensmann. Ich nannte ihn einmal einen modernen Dschingis-Khan; denn wo er gewirkt habe, sei alles radikal abgeerntet; und er hat es mir nicht übelgenommen.
Möge Gott ihm noch lange sein goldenes Herz erhalten und ihn wirken lassen zum Nutzen unzähliger Notleidender an Leib und Seele!

Köln, am Fest des hl. Franz von Assisi 1961.

+ Jos. Card. Frings
Erzbischof von Köln

INHALT

Der unbewußte Beginn 7
Begegnung mit der Not 10
Ein neuer Name 16
Das Haus der Verjagten 21
Die zündende Idee 30
Die Schule der Liebe 37
Vom Rucksack zum Kapellenwagen 50
Textilien, weiße Kleidchen und Pralinen 57
Ein Fahrzeug für Gott 66
Korn für Kirchen 72
Festungen für Gott 78
Der Bauorden 92
Vom 2. bis 9. Januar 102
In jener Nacht ist Yussef gestorben 110
Greuel in Asien 117
Der Sprung über den Vorhang 126
Ungarische Tragödie 139
Bei Gottes Partisanen 152
Gesang im Feuerofen 166
Der Pavillon 179
Ein Toter lebt weiter 187

Der unbewußte Beginn

Als ich mit Schreiben fertig war, schlug die Uhr drei in der Nacht. Es war Dezember 1947. Mein Artikel für die Weihnachtsnummer der Abteizeitschrift konnte in die Druckerei gehen. Er würde über meine Zukunft entscheiden.
Damals war ich noch ein unbekannter Prämonstratenser, 34 Jahre alt und von schwacher Gesundheit. Im Chor sang ich etwas zu laut und ein bißchen falsch. In Klöstern und Pensionaten predigte ich Exerzitien. Ich war Sekretär meines Abtes und schrieb jeden Monat für die Zeitschrift jene Artikel, die mich in den bewegten Jahren nach dem Zweiten Weltkrieg mitunter mit der kirchlichen Zensur in Schwierigkeiten brachten. Der gute alte Kanoniker in Mecheln, der schon lange hoch im Himmel ist, tat sein Bestes, um den Freimut meines Geschreibsels mit der Opportunität zu versöhnen, und war immer ein wenig traurig, wenn er mit zittriger Hand einen schönen Satz streichen mußte. Eigentlich dachte er wie ich, aber mit den Jahren war er vorsichtiger und weiser geworden. Von ihm habe ich ein bißchen Diplomatie und viel Unterwerfung unter die kirchliche Autorität gelernt. Beide Eigenschaften sind mir später oft von Nutzen gewesen.
Der Aufsatz, den ich in jener Dezembernacht verfaßte, hieß »Kein Platz in der Herberge«. Es war ein guter Artikel, nicht zuletzt deswegen, weil ich einige Gedanken und Formulierungen dem bekannten Rundfunkprediger Henri de Greeve entliehen hatte, einem mutigen Mann mit offenen Augen und weitem Herzen für alle Not, die er sah. Ich liebte ihn, wie

ich Carl Sonnenschein und Pater van Sante liebte und den guten Pater van Clé, der mich nach einer stürmischen Studentenzeit in den sicheren Hafen von Tongerlo hineingelotst hatte. Von diesen eifrigen Männern übernahm ich vieles, weil ich überzeugt war, daß sie recht hatten, und nie kamen mir Gewissensbisse, ihre Worte zu den meinen zu machen.
So habe ich meine ersten Eindrücke vom Nachkriegsdeutschland aus einer Rundfunkansprache von Henri de Greeve geschöpft, die mich so tief bewegte, daß ich meinen Weihnachtsartikel darüber schrieb:
„Hundert Kilometer ostwärts liegt eine Stadt in Trümmern. Es ist fast nichts mehr davon übrig als ein riesenhafter Bunker, wie sie die Deutschen überall gebaut haben, um die Bevölkerung vor den Bomben zu schützen. Die übriggebliebenen, völlig verarmten Menschen der Stadt hausen in diesem einzigen Bunker. Tausende hocken im pestigen Gestank zusammen. Jede Familie, soweit man noch von Familie sprechen darf, liegt zusammengepfercht auf einigen wenigen Quadratmetern Beton. Es gibt weder Feuer noch Wärme, es sei denn die Wärme anderer Körper, an die man sich festklammert . . . und Christus will auch in diesen Menschen mit Seiner Reinheit, Seiner Nächstenliebe und Güte leben. Die Hirten beteten Christus an in einem Stall, aber diese Leute haben nicht einmal einen Stall. Nach menschlichem Ermessen kann Christus dort nicht leben, weil kein Platz für Ihn da ist . . ."
Dies war für mich der Ausgangspunkt, die Leser unserer Zeitschrift zur Hilfe für die besiegten Deutschen aufzurufen. Der Erfolg übertraf alle Erwartungen. Die Ostpriesterhilfe war geboren, ohne daß ich es wußte. Von Flandern aus begannen die Kolonnen der Nächstenliebe ihren Zug nach Osten . . .
In Rom las der Generalabt unseres Ordens, Msgr. Noots, meinen Aufruf und tat das Seinige. Und als wenige Monate später der Flüchtlingsprälat Kindermann an seiner Tür um

Hilfe klopfte, erinnerte sich der alte General seines jungen Mitbruders in Tongerlo und bat den unvergessenen Abt Stalmans, mich mit einer besonderen Hilfsaktion für die dreitausend entheimateten Priester zu beauftragen und für ihre sechs Millionen verjagten Gläubigen, die in der schrecklichen Einsamkeit der deutschen Diaspora zugrunde zu gehen drohten.

Die Widerstände waren groß. Der Tätigkeit der Ostpriesterhilfe wurden politische Motive unterschoben. Ein durch jahrelangen Aufenthalt im Konzentrationslager aus dem Gleichgewicht geratener Priester machte mir in Brüssel vor aller Öffentlichkeit die heftigsten Vorwürfe. Opfer der deutschen Schreckensherrschaft protestierten gegen meine, wie sie glaubten, allzu weitgehende Nächstenliebe.

Im Februar 1948 mußte ich schreiben:

„Die Nächstenliebe liegt nicht in schönen Worten. Sie fordert Taten und Opfer. Sie fordert ein Stück von uns selbst. Sie fordert unsere persönliche Stellungnahme zu den Hungernden, den Nackten, den Kranken, den Gefangenen und allen anderen, unter denen sich Christus selbst verbirgt und von denen Er bei Seiner Schilderung des Jüngsten Gerichts gesprochen hat. Die Nächstenliebe fordert also, daß wir Christus auch in denen erkennen und trösten wollen, die durch die Schuld gewissenloser Kriegshetzer zwar eine feindliche Uniform trugen, aber dennoch unsere Brüder blieben, weil Christus auch sie berufen hat, Kinder desselben himmlischen Vaters zu sein. Diese Ärmsten unserer Brüder sind in größter Not. Davor können wir unsere Augen nicht ungestraft verschließen. Wer an so viel Leid achtlos vorübergeht, darf sich nicht mehr Christ nennen. Wir wissen, daß man diese Zeilen falsch auslegen kann. Das wird uns jedoch nicht aufhalten. Wohl aber wollen wir hier sagen, daß wir für so viele unserer Mütter und Frauen, die unaussprechlich schwer unter dem deutschen Unrecht gelitten haben und täglich mit müdegeweinten Augen die Bilder ihrer teuersten

Lieblinge betrachten, daß wir für *sie* von Gott die heldenhafte Stärke und die übermenschliche Kraft erflehen, sich trotz allen deutschen Unrechts dennoch mit mütterlicher Liebe über das deutsche Leid zu neigen, zu begreifen, wie kein anderer begreifen kann, und zu vergeben, wie nur eine Frau vergibt . . ."
Gott hat dieses Gebet erhört. Durch Seine Gnade fanden Hunderttausende die Kraft zur Verzeihung. Es gab Frauen, die den letzten Anzug ihres von den Deutschen erschossenen Mannes hergaben, um den Deutschen zu helfen. Ich bekam freiwillige Mitarbeiter, die in ihrer Gesundheit, in ihrem Glück oder in ihren Kindern auf härteste Weise vom deutschen Terror getroffen waren. In Vinkt, wo 1940 fünfundachtzig Männer und Jungen von den einmarschierenden Deutschen niedergemetzelt worden waren, vergalt man das angetane Böse mit Händen voll Güte. Wogen der Barmherzigkeit und Liebe gingen durch das flämische Land und überspülten alsbald auch die Niederlande.

Begegnung mit der Not

Ich fand wertvolle Unterstützung bei dem alten Kapuzinerpater Valerius Claes, der mit unbeugsamem Willen unter der Fahne seiner „Katholieke Eenheid" für die Verbrüderung mit den deutschen Katholiken eintrat. Durch seine Vermittlung konnte ich bald meine erste Reise nach Deutschland antreten, die mir den Stoff für die Predigten und Vorträge lieferte, mit denen ich pausenlos Herzen und Gewissen in Flandern wachzurütteln versuchte.
Das fiel mir nicht schwer, weil Gott mich während meiner

ersten Deutschlandreise so brutal mit der allerschlimmsten Not konfrontierte, daß ich noch Jahre später nur zutiefst bewegt darüber reden konnte. Meine persönlichen Erfahrungen in den Trümmern Kölns und in den Bunkern von Frankfurt, von denen ich atemlos Zuhörenden tausendmal erzählte, haben mir viel geholfen, Augen, Herzen und Geldbeutel für die Brüder in Not zu öffnen. Niemals werde ich den niederschmetternden Eindruck vergessen, den der Besuch in einem Hochbunker auf mich machte. Grau und quadratisch hob sich das Ungetüm gegen die linde Sommerluft ab. Ein dunkler Block, groß wie eine Fabrik, mit zwei gähnenden Mäulern. Der Gott der Verwüstung, der überall in Deutschland die Trümmer beherrschte. Der moderne Moloch, in dem die wehrlosen Kinder dieser Zeit geopfert wurden. Die neue Bestie, die die Christenheit bedrohte. Überall, wo die Kirchen als Staub hinweggefegt waren, hatten diese Monstren standgehalten. Schwarz wie die Nacht, verschlangen sie Hunderttausende jener Millionen, die kraft des Potsdamer Abkommens in die Verbannung gehen mußten.
Nach meinem Besuch in diesem Bunker schrieb ich voller Entsetzen: „Hör doch das verzweifelte Seufzen und Schluchzen der Entwurzelten, die als Teufelsfutter in die Bunkermäuler geworfen wurden. Sie hausen so fern hinter dem meterdicken Beton, daß ihre Anwesenheit fast nicht mehr spürbar ist. Aber sie sind einquartiert beim Teufel.
Tritt ein in diese Mordhöhle, in diese schwarze Bestie mit den weißgekalkten Eingeweiden. Dring vor bis in die tiefsten Bauchhöhlen voll grauer Menschenbrocken. Ein reißendes Tier. Von Raum zu Raum, von Stockwerk zu Stockwerk, aufwärts und hinab, überall sind die giftigen Drüsen des Ungeheuers in Funktion. Überall spürst du den Verdauungsprozeß, überall riechst du Verwesung, überall siehst du die Verzweiflung der Wehrlosen, die lebendig verschlungen, ausgesogen, leergepreßt werden, bis sie aufgelöst sind in einen namenlosen tierischen Menschenbrei.

Ach, wie schwarz ist diese Seite im Buch der Kirchengeschichte! Sieh, wie die verstoßenen Christen hier zusammenhocken und nackt am Boden keuchen. Vier Familien, willkürlich durcheinandergewürfelt, in jeder Betonspelunke. Sechzehn oder mehr Betten füllen den Raum. Kein Platz für Tische und Stühle. Keine Häuslichkeit. Kein Familienleben. Kein Alleinsein. Ringsum geile Augen, schamlose Gesten, zweideutige Reden, liederliches Lachen. Nein, sie können selbst nichts dafür. Diese Vermassung macht alles kaputt. Hier verkümmern Familien mit vier, fünf, sechs Kindern. Vergilbte und runzlige Säuglinge neben achtzigjährigen Großmüttern. Drückender Gestank von Schweiß und verdorbener Luft. Keine Fenster. Jahrelang bloß das qualmende Licht von Kerzen und Pechfakkeln. Jetzt gibt es Lampen, aber wer lange hier wohnt, bekommt kranke Augen und erträgt die Sonne nicht mehr. Schwindsüchtige spucken in einen Napf. Kindische Alte wälzen sich im Dreck. Kinder kriechen unter den Betten, in den schmalen Gängen und auf den Betonstiegen herum. Grausig sind diese blutlosen Kleinen, durchsichtig blaß, mit frühwissenden Augen, und auf den Greisengesichtern ein klägliches Lächeln.
Einmal in zwölf Stunden saugen die Ventilatoren eine Viertelstunde lang frische Luft herein, aber man merkt kaum, daß das Ungeheuer geatmet hat. Die ausgetrockneten Kehlen schnappen umsonst nach Luft für die Lungen, und die Mutlosen, die siebenmal am Tage straucheln und fallen, harren vergeblich der Reinheit für ihre Seelen.
Wie hoffnungslos ist hier der Kampf gegen die Sünde, die keine Hemmung kennt, wo es keine Mauern gibt, die Scham zu behüten.
Wie könnte die Tugend noch Wurzeln haben, wo zwanzig, vierzig, siebzig Männer und Mädchen, Frauen und Jungen und Kinder monate- und jahrelang in einer glühenden Bunkerhöhle dicht nebeneinander schlafen, schwitzen,

wohnen, sich kleiden und entkleiden und dem Ruf des wilden und gereizten Blutes folgen . . .
Das ist die Hölle für Leib und Seele. Hier herrschen Verwirrung, Egoismus und das brutale Gesetz des Dschungels. Hier wird gekämpft um jeden halben Meter Beton, und hier stoßen die Frauen einander weg von den Kochstellen. Hier wird das Leben erstickt in allen seinen gerechten Forderungen, und deswegen zerreißt es ungestüm alle Bande, frißt sich satt an der Sünde und packt mit gierigen Krallen, was die dröhnende Großstadt an Leidenschaft und trügerischen Freuden am Bunker vorüberfluten läßt.
Es wird eine lange Reise durch diese scheußlichen Eingeweide. Es kommt kein Ende in diesem Labyrinth von Zimmern und Gängen und Treppen. Man fühlt sich erdrückt unter den gekalkten Betonmassen. Das Atmen fällt schwer, und die heiße Luft liegt wie Blei auf der Brust. Man wird aufsässig. Man guckt, und man fragt. Aber es gibt keinen Ausweg aus diesen mühsamen Gesprächen. Überall derselbe typische Bericht mit zahllosen Varianten von Gram und Erniedrigung, aber als Refrain immer die gleiche schmerzliche Frage: Wann gehen wir zurück in die Heimat?
Die Heimat ist der letzte Halt dieser Verworfenen. Wer hätte den Mut, ihnen diese Hoffnung zu nehmen. Aber sie ist eine Illusion. In Ostpreußen wohnen, wie man sagt, Tartaren und Kirgisen. In Schlesien verwildern die Felder zur Steppe, und im Sudetenland brüllen die Bulldozer über die zweihundertfünfundzwanzig Dörfer, die eingeebnet werden, weil es keine Tschechen gibt, die sie bewohnen können.
Mein Gott, Du hast die Sonne geschaffen und die weiten Ebenen und die Winde und den milden Regen, der die Luft erfrischt. Es gibt doch Raum genug für alle. Warum müssen diese verstoßenen Parias, diese Millionen Dein Licht und Deine wohltuende Kühle entbehren? Warum nahm man ihnen ein menschenwürdiges Dasein? Sollen die Regierungen der Siegermächte denn nicht den heimgesuchten Völkern

dienen? Den Frauen und Kindern, die unschuldig sind? Warum müssen die Völker büßen für das, was die Regierungen verbrechen? Es sind die Regierungen und nicht die Völker, die die Kriege entfesseln. Zügellose Raubtiere sind sie alle, die ihr eigenes Volk fressen, von den andern Völkern gar nicht zu reden. Diese Greuel der Verwüstung waren gar nicht notwendig. Es war ein Verbrechen und Wahnsinn, sechzehn Millionen Menschen in den Tod, in Versklavung, in Trümmer und Bunker zu jagen und nachher ihre leeren Häuser zu verbrennen oder niederzureißen. Verbrechen und Wahnsinn, Millionen, die üppige Äcker der Wildnis entrissen haben, auf den Steinhaufen zertrümmerter Städte verhungern zu lassen. Gott, der Du einst auf das Elend Hiobs niedergeschaut und Jonas aus dem Bauch des Fisches gerettet hast, blicke jetzt herab auf die Unterdrückung Deines Volkes und rette es aus dem Bauch dieser Bestie.
Aber der Herr wird nicht erscheinen in Lichtglanz und Wundern. Er bleibt zwar in Ewigkeit der Barmherzige, aber die Werke Seiner Barmherzigkeit hat Er uns aufgetragen, die wir Seine Kinder sind. Von uns hängt es ab, ob der Name des Herrn an diesem Ort des Schreckens gesegnet oder verflucht wird.
Wie träge waren wir in der Liebe. Wenn die Christenheit nur eine blasse Ahnung vom mystischen Leib Christi gehabt hätte; wenn wir uns nur ein wenig solidarisch gefühlt hätten mit den Brüdern, die der Bestie überliefert wurden, schon lange wären Stürme des Protestes und Karawanen der Hilfe über die Welt gegangen. Doch wie sehr wurde die göttliche Liebe Fremdling auf Erden.
Kehr jetzt ein bei dir selbst und schau Gott in die Augen! Würdest du es wagen, deinem eigenen Vater in die Augen zu schauen, wenn du deine Brüder und Schwestern hättest umkommen lassen, ohne eine Hand für sie zu rühren? Wie sehr wird der Herr dir zürnen, wenn du nicht alles getan hast, um das Leid Seiner Kinder zu mildern.

Hör zu! Wenn dieser Westen noch christlich ist, muß der Tag kommen, an dem wir mit fliegenden Kolonnen voller Trost und Liebe ostwärts ziehen. Soweit sind wir noch nicht. Aber inzwischen sterben in Deutschland zu Dutzenden die guten Hirten und die Samariter und die sanften Engel der Liebe, die mit verweinten Augen hinter ihren verlorenen Lämmern herlaufen bis in den tiefen Bauch der Bunkerbestie. Sie suchen sie auf. Sie segnen und trösten. Aber ihre Hände sind leer.
Das wenigste, was wir tun können, ist, diese ermüdeten Samariter am Leben zu erhalten und ihnen etwas in die Hände zu geben, damit sie die Tränen trocknen und die bitterste Not lindern können. Gib denn doch um der Liebe Christi willen von deiner Fülle oder deiner Armut, auf daß die Ostpriesterhilfe helfen kann."

So schrieb und sprach ich in jenen ersten Monaten und Jahren der Ostpriesterhilfe bis in die kleinsten Dörfer des flämischen Landes hinein. Im Anfang mußte ich meine Zuhörerschaft suchen. Ich suchte sie während der Arbeitspausen an den Fabriktoren. Ich drang hinein in die Versammlungen und Kaffeekränzchen der Bäuerinnen und Frauengilden. In meiner weißen Kutte stand ich an den Autostraßen, bis ein Fabrikant mich in seinem Cadillac mitnahm, so daß ich ihm mit meinem alarmierenden Bericht zusetzen konnte. Ich zog von Schule zu Schule, um von den Kindern Gebete, eine Tafel Schokolade und den Inhalt ihrer Sparbüchsen zu bekommen für die Kirche in Not.
Blitzartig wuchs die Aktion. Der gute Msgr. Cruysberghs half mir mit Rat und Tat und vor allem mit der Autorität seines purpurnen Gürtels, bei den Bauersfrauen Speck und Korn zu sammeln. Der Kanonikus Dubois stellte zuerst die KSA (Katholische Studentenaktion) und später sich selbst zur Verfügung, um der Aktion „Ein Fahrzeug für Gott" zum Erfolg zu verhelfen. Wir züchteten Schweine in Flandern

und Lämmer in Holland für die Entheimateten. Wir konnten die flämischen Schulkinder für die „Adoption“ von dreitausend Rucksackpriestern gewinnen. Dreitausend Schulen oder Schulklassen betreuten ihren eigenen Priester, dem sie jahrelang ihr Gebet, ihr Taschengeld und den rührenden Trost ihrer Kinderbriefe schenkten.
Durch die Patenschaft dieser Rucksackpriester, die monatlich von ihren kleinen Wohltätern ein Lebensmittelpaket und einen Brief erhielten und prompt zurückschrieben, wurde die Ostpriesterhilfe eine Volksbewegung: nicht bloß die Schulkinder, sondern auch ihre Väter, Mütter, Onkel und Tanten wurden durch diese persönliche Korrespondenz mit den Problemen konfrontiert, mit denen sich unser Werk befaßte und die es lösen wollte.
Fünfzehntausend Kilo Lebensmittel wurden während dieser ersten Jahre monatlich in Fünf-Kilo-Paketen zu den deutschen Rucksackpriestern geschickt, um sie am Leben zu erhalten und sie außerdem in die Lage zu versetzen, ihr mühsames Apostolat unter den Verjagten mit tätiger Hilfe auszuüben.

Ein neuer Name

Niemand wird je vergessen können, wo der Ursprung der Mildtätigkeit, mit der die Ostpriesterhilfe immer wieder bedacht wurde, eigentlich in den flämischen Bauernherzen lag. Sie spendeten das „Anfangskapital“ unseres Werkes, als sie ohne Bedenken an der großen Speckschlacht von 1948 teilnahmen.
Nach meiner ersten persönlichen Begegnung mit der Not

In jenen Tagen predigte ich auch in Deutschland. Nicht um zu betteln, sondern um zu ermutigen und zu trösten. Meist in zerfallenen evangelischen Kirchen, suchend nach dem richtigen Wort, tastend nach der Seele und dem Herz dieser Unglücklichen. Es war die Botschaft der Liebe von jenseits der Grenze. Oft kamen die Vertriebenen zwanzig Kilometer weit zu Fuß. Stundenlang warteten sie geduldig, träge ihre vielen Rosenkränze betend, bis ich da war, mit einem Fünkchen Licht in der Nacht ihres Glaubens. Während meiner tapsigen Ansprache weinten sie vor Ergriffenheit. Auch der Pfarrer hatte Tränen in den Augen. Da wußte ich auf einmal, daß ausländische Priester als Botschafter der Weltkirche hier eine große Aufgabe erfüllen konnten. Und in fünfunddreißig holländischen Zeitungen schrieb ich über die Seelsorgsnot in der deutschen Diaspora:

„Wirtshaussäle sind auch nicht gerade würdige Orte. Die Baracken und Scheunen sind baufällig, aber Gott erachtet es nicht unter Seiner Würde, mit den Geringsten der Seinen dieses Hundeleben zu teilen. Er besucht Seine Herde im dürftigen Gewand der Rucksackpriester und unter der Gestalt der hl. Eucharistie. Aber Er will diese Herde auch besuchen in Helfern und Samaritern, die Seine Gestalt sichtbar machen für die Ärmsten der Armen und Seine Barmherzigkeit auch dem letzten Deutschen erweisen. Und hier beginnt unsere Aufgabe. Wir sind es, die wohltuend durch dieses grausame Elend ziehen müssen. Mit Kolonnen der Hilfe müssen wir ostwärts gehen. Lastwagen müssen wir mit Priestern bemannen und zum Brechen voll mit Liebesgaben beladen. Auf diese Weise uns den umstreifenden Rucksackpriestern in der deutschen Diaspora zur Verfügung stellen. Mit ihnen durch ihre unermeßlich weiten Bezirke von Dorf zu Dorf fahren. Die hl. Messe zelebrieren, predigen – ein ermutigender Brudergruß von jenseits der Grenze – und mit vollen Händen verteilen, was die Liebe des christlichen Westens uns mitgab. Um Christus sichtbar erstehen zu lassen in dieser schwarzen

Not. Um das mütterliche Mitleid der Weltkirche spürbar zu machen für jene, die schon fünf Jahre und länger in der Nacht der Verzweiflung versunken liegen . . ."
Dieser Zeitungsartikel, erschienen 1949, enthielt die Grundgedanken unserer Kapellenwagenmission. Fünf Monate später donnerten die ersten holländischen Kapellenwagen, die von Kardinal de Jong von Utrecht geweiht worden waren, durch die deutschen Länder. Die holländische Eisenbahngesellschaft lieferte insgesamt zwanzig Crossley-Sattelschlepper. Das Bistum Gent brachte die Mittel für fünfzehn Opel-Blitz-Kapellenwagen auf. Hunderte von Priestern aus sieben verschiedenen Völkern und vielerlei Ordensgemeinschaften sind seitdem Jahr um Jahr mit diesen fahrenden Kirchen unterwegs gewesen, ermutigend, predigend, taufend, Sünden lossprechend und neben dem Brot der Eucharistie auch eine fühlbare Liebesgabe austeilend an die vier Millionen verlassener Glaubensbrüder in kirchenlosen Gebieten, die durch diese Aktion erreicht wurden.
Rund um diese Kapellenwagen wehte der Geist der Weltkirche. Sie waren wie die Epiphanie eines großen, energischen und strahlenden Christentums, das die Protestanten sprachlos machte und das Herz des meist vereinsamten Katholiken vor wiedergewonnenem christlichen Stolz schneller schlagen ließ.
Die Kapellenwagenmission war eigentlich seit der Reformation die erste große Manifestation der Katholischen Kirche in evangelischen Gebieten, in denen sie seit Jahrhunderten kein Gesicht, keinen Namen und kein Ansehen mehr hatte. Durch diese Begegnung, die wenige Jahre später von Tausenden von Baugesellen wiederholt wurde, sind zahllose Vorurteile hinweggeräumt worden, und es wurde eine der Voraussetzungen erfüllt, ohne die die Una Sancta niemals Wirklichkeit werden kann.
Die Kapellenwagenmission bedeutete auch einen Sieg der Katholizität über den geistigen Provinzialismus, der vielfach

des geschlagenen Deutschland kam ich zutiefst erschüttert zurück in die Abtei, wo gerade für flämische Pfarrer Exerzitien gehalten wurden. Man lud mich zu einem Vortrag ein, und ich erzählte anderthalb Stunden lang über das, was ich gesehen und erlebt habe. Danach ging ich mit meinem Hut herum – dem späteren berühmten Millionenhut – und kassierte meine erste Kollekte für die Notleidenden. Eine Anzahl der anwesenden Priester bat mich sofort, in ihrer Pfarrei hierüber zu predigen. Eine dieser Einladungen betraf ein „Kaffeefest" des Bäuerinnenvereins. Der Verein feierte sein goldenes Jubiläum, und außer den Torten, Obstkuchen und Schinkenbroten, die von den feiernden Bauersfrauen verspeist werden sollten, brauchte man einen Festredner: dazu wurde ich ausersehen mit dem Auftrag, den wohlhabenden Bauernstand über die bittere Not, die anderswo erlitten wurde, aufzuklären.
An jenem Nachmittag muß ich ziemlich gut gesprochen haben. Hundertfünfzig dicke Bäuerinnen vergaßen die dampfenden Kaffeekannen und die turmhohen Kuchenstapel und weinten vor Erbarmen mit dem Schicksal der schwergeprüften ehemaligen Feinde. Als ich mein Trommelfeuer auf die empfänglichen Bauersfrauengemüter einstellte, blieben alle stumm. Auch der Pfarrer konnte kein Wort herausbringen, weil ihm dicke Tränen über Backen und Doppelkinn rollten. Da niemand etwas sagte, erhob ich mich aufs Neue und erklärte aufmunternd, daß jetzt eigentlich der Moment der Kollekte gekommen sei. Pfarrer und Bäuerinnen nickten einstimmig ... Aber mir fiel plötzlich etwas Besseres ein. Ich schlug vor, jede der Anwesenden sollte ein nicht zu klein bemessenes Stück Speck aus dem Kamin holen und es in den nächsten Tagen im Pfarrhaus abliefern. Am Ende der Woche würde ich dann mit einem Auto den Speck abholen. Alle waren einverstanden, und damit hatte die Speckschlacht begonnen. In dieser ersten Pfarrei bekam ich achtundzwanzig Zentner Speck. Ein Pfarrer erzählte es dem anderen weiter,

und bald gab es keine Woche mehr, da ich nicht zwei- oder dreimal auf den Kaffeefesten der Bäuerinnen sprach.
Msgr. Cruysberghs, der Präsident des Bauernbundes, hörte sich meinen Vortrag an und schlug vor, die Aktion systematisch über das ganze Land auszudehnen. Er führte mich auf den Tagungen der Organisationsleiterinnen ein und unterstützte meinen Aufruf mit seiner ganzen Autorität und seinem rhetorischen Talent.
Dann begann der lange Zug in die Dörfer und Höfe Flanderns. Mit dem braven alten Vercammen, einem Freund der Abtei, ging es in einem klapprigen Peugeot kreuz und quer durch das Land. Abend für Abend kamen wir heim mit vier- oder fünfhundert Kilo gesalzenem Speck und einem Hut voll Geld, so daß der alte Peugeot in seiner Federung ächzte. Laster kamen aus Flandern und aus dem Limburgischen vollbeladen mit Speck, der vor den Augen der verblüfften Abteibesucher beim Bruder Pförtner abgeliefert wurde. In dem kühlen Abstellraum neben der Küche lag der Speck bald meterhoch. Mit saubergewaschenen bloßen Füßen arbeiteten sich, einmal in der Woche, die Novizen von Tongerlo, bewaffnet mit scharfen Messern, durch diesen Speckberg hindurch und schnitten die Stücke auf Maß, da wir in jener Zeit nur Zwei-Pfund-Pakete nach Deutschland schicken durften –, verpackten sie in Pergamentpapier, dann in Kartons und Kisten, die unter der Flagge von „Caritas Catholica“ zu Tausenden nach Deutschland verschickt wurden.
Zur großen Entrüstung meiner seligen Mutter und zum Entsetzen zahlreicher, in Ehrfurcht vor dem heiligen Priestertum erzogener frommer Seelen erhielt ich durch diese erste Aktion einen neuen Namen. Auf einer Großkundgebung in Turnhout nannte mich eine Bauersfrau von enormen Ausmaßen zum erstenmal „Speckpater“. Eine katholische Zeitung brachte diesen Ehrentitel als fette Schlagzeile über einem Interview, und damit war die Ostpriesterhilfe plötzlich populär.

Ich muß sagen, daß mir dieser neue Name viel in den Kreisen von Viehhändlern und Fleischfabrikanten geholfen hat, mit denen ich in den ersten Jahren der Ostpriesterhilfe besonders freundschaftliche Beziehungen unterhielt. Denn mit *einer* Specksammlung war das Kalorienproblem der deutschen Heimatvertriebenen natürlich nicht gelöst. Eine solche Sammlung konnte übrigens nur im Winter durchgeführt werden, da der Speck im Sommer während der vielen Wochen des Transports sicher verderben würde. Deshalb ersannen wir eine neue Aktion: jeder flämische Bauer bekam einen Brief ins Haus geschickt mit dem Vorschlag, ein Schwein teilweise für die Ostpriesterhilfe zu mästen, d. h. später den Bauch- und Rückenspeck für die Kirche in Not abzutreten.

Jedes angemeldete Schwein erhielt eine besondere Marke und wurde somit zu der Würde eines „kirchlichen Schweines“ erhoben, das für unser Werk wachsen und gedeihen sollte. Wenn die Stunde der großen Schlachtung gekommen war, notierten die Angestellten der Schlachthöfe die Nummern der ostpriesterlichen Schweine und schrieben automatisch den Wert des Bauch- und Rückenspecks dem Bankkonto gut, das wir für die Aktion beim Bauernbund führten. Wir bekamen also nicht den Speck, sondern große Geldsummen, wofür wir wiederum, sobald er billiger wurde, Hunderte Tonnen von Speck einkauften, die in einem Kühlhaus in Ostende gelagert wurden.

Dann verhandelte ich auf dem Schlachthof in Antwerpen mit den rauhen Kerlen aus dem Fleisch- und Viehhandel – bei ihnen habe ich das Trinken und auch ein wenig Fluchen gelernt! –, und es gelang mir, für einen symbolischen Preis große Mengen gefrorenes Pferdefleisch aus Argentinien zu kaufen. Ich fand den Konservenfabrikanten, der bereit war, diese Fleisch- und Fettmassen zu „flämischer Schinkenwurst“ mit einem Fettgehalt von 52 % zu verarbeiten, und ich fand den Blechfabrikanten, der uns gratis das Blech für Hunderttausende von Konservendosen lieferte, die wir fortan Winter und Sommer an die Rucksackpriester und Flüchtlingslager verschicken konnten.

Es war kein Wunder, daß ich mich in jenen ersten Jahren notgedrungen mit allen Einzelheiten der Schweinezucht vertraut machen mußte und daß ich deswegen lebhafte Verbindungen mit Bruder Dominikus, dem erfahrenen Leiter des Bauernhofs der Abtei, unterhielt. In vielen tiefgründigen Gesprächen in Kuh- und Schweineställen hat er mir geduldig die Wissenschaft beigebracht, zu der ich wegen meines neuen Namens verpflichtet war. So konnte ich in den Schlachthöfen und Konservenfabriken auf gleicher Basis mit Männern verhandeln, denen man nun einmal mehr durch Fachkenntnisse als durch Frömmigkeit imponiert.

Während einer dieser Besprechungen mit Bruder Dominikus geschah es, daß ein holländischer Journalist beim Pförtner der Abtei nach mir fragte. Wie ich später erfuhr, entspann sich dabei folgender Dialog:

– „Ich möchte gern den Speckpater sprechen."

– „Der ist im Schweinestall."

– „Aber ich kenne ihn nicht."

– „Er hat ein Birett auf."

Seither hat die Ostpriesterhilfe unzählige Aktionen auf anderen Gebieten geführt, die mir andere Namen und Titel einbrachten. Aber immer habe ich den Namen „Speckpater" bevorzugt, weil er mich an die schlichten Bauersfrauen erinnerte, die meine ersten Helferinnen waren und mit denen ich mich durch Speck und Dankbarkeit verbunden weiß.

Das Haus der Verjagten

Im November 1948, als die Ostpriesterhilfe fast ein Jahr alt war, kam ich zum erstenmal nach Königstein, das eine so große Rolle in der Entwicklung unseres Werkes spielen sollte. Das träumende Tal von Königstein war eine Oase in der damaligen deutschen Wüste. Nach der trostlosen Fahrt durch Staub und Scherben stand hier die Sonne wieder auf den Feldern. Zwar lief die Spur der Verwüstung noch weiter durch Städte und Dörfer, aber hinter den welligen Hügelreihen des Taunus wohnte der Friede des Paradieses. Der Krieg hatte dieses Tal verschont. Und deshalb hingen die farbigen Flekken von braunen und grünen Äckern noch genauso ordentlich wie früher auf den Abhängen, und es lag das struppige Fell der Kiefernwälder noch genauso still wie früher auf den Gipfeln. Durch dieses nassauische Land, fünfundzwanzig Kilometer nördlich von Frankfurt, läuft noch der alte Limes, der Grenzwall des Römischen Reiches. Einst zitterte hier der Boden unter dem Marschtritt der Kohorten. Seitdem ist viel geschehen. Die drohende Burg wurde zu einer romantischen Ruine. Und mit dem Wegebben der letzten Legionen lief das Tal randvoll von paradiesischer Stille. Aber im Klima der Stille erblühen die kühnsten Pläne, und so wurde Königstein in den ersten Jahren nach dem Krieg aufs Neue eine Bastion im Grenzgebiet und, im übertragenen Sinne, ein Ausfalltor zum Reich der Finsternis. War es ein Zufall, daß das Priesterseminar der heimatvertriebenen Deutschen hier in einer alten Kaserne errichtet wurde? Und war es ein Zufall, daß die meisten Theologen, die ich 1948 hier fand, noch in verschlissenen Uniformen gingen? Auf jeden Fall wurde hier ein Bataillon gedrillt. In der alten Festung Königstein wurde für die Besten der ostdeutschen Jugend zum Sammeln geblasen.

Wie tapfer und groß waren nach der Katastrophe die ersten Seminaristen, die Gott in ihren Herzen singen hörten und Ihm unbeschwert folgten! Die Heimat war ihnen genom-

men, und ihre Familien hatte der Wind wie Spreu zerstreut. Ihren Dörfern und Städten entrückt, hatten sie alle Entbehrungen der modernen Völkerwanderung mitgemacht. Vielleicht kamen sie aus den deutschen Sprachinseln der Bukowina, fern aus Bessarabien, aus der Batschka, von Rumänien oder Bulgarien oder aus den ungarischen Steppen, von Schlesien, Ermland, Pommern oder aus dem Sudetenland. Aus jahrhundertealtem Vaterland wurden sie vertrieben. Vielleicht auch überlebten sie den Totenmarsch aus Ostpreußen. Vielleicht gingen sie an den blutigen Kreuzwegstationen der jugoslawischen oder tschechischen Lager entlang. Aber meist waren sie nach bitteren Jahren zurückgekommen aus der Kriegsgefangenschaft, ohne Chance, das verlorene Vaterland wiederzusehen, und ohne zu wissen, was aus ihren Familien geworden war. Vereinsamte Jugend zwischen dem Wrackholz der sechzehn Millionen, die im Sturm von Potsdam dahingetrieben wurden.
All diese und die kleinen, frischen Jungen, die unter Lebensgefahr über die Zonengrenze gekommen waren – dreihundertfünfzig Seminaristen insgesamt –, bevölkerten in jenen Tagen die alte Kaserne, übten sich im geistlichen Kirchendienst, studierten, beteten, arbeiteten und bereiteten sich auf das Priestertum vor. Sie würden die Priester von morgen sein. Sie hatten ihr Seminar selber bewohnbar gemacht. Sie hatten selbst die harten Stühle und rohen Tische gezimmert. Sie hatten sich selbst mit nackten Oberkörpern in der brennenden Sonne ihre Kapelle gebaut. Wie heilige Narren waren sie gekommen. Sie hatten keine Bücher, keine Kleider, kein Geld und kein Essen. Sie hatten nichts als die Flamme der Berufung, die sie durch alle Stürme ihrer wilden Jugend hindurch gehütet hatten. Von Tunis bis Leningrad und von Norwegen bis Italien hatte der Herr sie geprüft . . . bis sie hier endlich den schweren Rhythmus ihrer Soldatenstiefel eintauschen durften mit dem dunklen Stakkato ihrer betenden Stimmen in der Kapelle: *Introibo ad altare Dei.*

In Königstein formte Gott damals seine Heldenpriester, die, genau wie die irrende Herde, für die sie sorgen sollten, selbst das harte Los der Heimatlosen und Vertriebenen zu tragen hatten. Sie sollten die Priester der sechzehn Millionen werden, die durch die siegreichen Alliierten aus ihren Städten und Dörfern verjagt worden waren. Mit leeren Händen, entehrt, vergewaltigt, mißhandelt und zutiefst erniedrigt; menschliche Trümmer, die auf die Trümmer der verwüsteten Städte geworfen wurden. Priester sollten sie werden, mild und verständnisvoll für die Unzähligen, die damals in Bunkern und Baracken wohnen mußten, in denen die Zehn Gebote Gottes nicht mehr gehalten werden konnten. Priester der Armen, die mit ihrer Gesundheit und ihrem Leben ihren zertretenen Schicksalsgenossen auch ihre ganze Liebe schenken sollten. Die sich freiwillig melden würden für die härteste Arbeit in der Sowjetzone und in der Diaspora. Die ihr Volk lehren würden, von der Rache abzusehen. Und die im Interesse des Friedens versuchen sollten, dem deutschen Volk beizubringen, daß nicht alles Unrecht schon hier auf Erden wiedergutgemacht zu werden braucht, sondern daß es bisweilen besser ist, auf Revisionismus zu verzichten und die ewige Wiedergutmachung im Himmel abzuwarten.
Ja, in jenen ersten Jahren lag über Königstein noch der Schimmer der Urkirche! Theologen in Uniform. Die geflickten Soldatenkleider von drei oder vier Armeen bildeten ihr geistliches Gewand. Als Tagesration hatten sie zwei Teller Suppe und morgens und abends ein paar Schnitten Schwarzbrot. Bücher, Lehrmittel, Möbel und Hausgerät gab es nicht. Die verschlissene Bettwäsche stammte aus dem deutschen Lazarett, das bei Kriegsende noch hier in der Kaserne untergebracht war. Eine winzige Gruppe ostpreußischer Schwestern, dezimierter Rest einer nach Rußland deportierten Gemeinschaft, führte auf wunderbare Weise den Haushalt. Sieben Professoren der ostdeutschen Universitäten, kluge Köpfe, dozierten ohne wissenschaftlichen Apparat die Theologie.

Es gab auch ein Knabenseminar. In der vorbereitenden Klasse befanden sich damals fünfundvierzig Jungen. Von vierzehn war der Vater gefallen oder vermißt. Von elf anderen war er nach Sibirien verschleppt. Sieben erzählten, daß ihre Mutter von den Russen mitgenommen worden war. Zwei hatten ihre Mütter am Weg der Vertreibung sterben sehen. Neunzehn hatten gar keine Verbindung mit ihren Familien. Fünfundvierzig Kinder, fünfundvierzig Tragödien . . .
Und die ehemaligen Soldaten! Friedrich wurde wegen Krankheit aus sowjetischer Gefangenschaft entlassen. Damals wog er noch neunundvierzig Kilo. 1937 hatte er mit der Theologie angefangen. Danach war er sechs Jahre Soldat und drei Jahre Kriegsgefangener. Inzwischen wurde seine Familie aus Schlesien vertrieben. Von vier Brüdern und Schwestern wußte er schon die Anschriften: sie wohnten an drei verschiedenen Orten in der Ostzone. Von seinen Eltern hatte er noch keine Nachricht. Er hatte Wasser in den Beinen, aber er hoffte, bis zu den Sommerferien kräftig genug zu sein, um als Maurer seine Kost zu verdienen.
Alfons war bei der Kriegsmarine gewesen, diente während seiner amerikanischen Gefangenschaft nach dem Krieg auf einem Minenräumboot in der Nordsee, arbeitete zwei Jahre als Bauernknecht, suchte vergeblich seine aus dem Sudetenland vertriebene Familie, machte Abitur und hatte in Königstein soeben mit der Philosophie begonnen. In den Ferien verdiente er sein Studiengeld als Bergmann im Ruhrgebiet, und während des Wintersemesters hielt er an Sonntagabenden Lichtbildvorträge über Malerei und Architektur im Sudetenland.
Joachim war bei den Nachtjägern und wurde dreimal abgeschossen. Er erhielt das Ritterkreuz und entfloh aus französischer Gefangenschaft. Es fiel ihm nicht leicht, an einem normalen Seminar zu studieren. Nach vierzehn Tagen wurde er dort wegen Frechheit weggeschickt. In Königstein gelang es. Während der Osterferien 1948 zog er vierhundert Kilometer

weit zu Fuß von Dorf zu Dorf und gab Vorstellungen mit einem selbstgebastelten Puppentheater. Sein Vater war Vollinvalide. Eine Schwester kam um bei der Flucht aus Breslau, der Rest seiner Familie lebte zerstreut in der russischen Zone. Günter kam aus Ostpreußen. Er war bei der Luftwaffe und geriet bei Tito in Gefangenschaft, von dessen Regime er alle Greuel kennengelernt hatte. Seine Mutter war während der Deportation verhungert. Alle seine Brüder waren gefallen oder vermißt. Sein Vater war schon vorher gestorben.

Dies waren die Menschen, aus denen sich Gott in jenen Tagen in Königstein seine Neupriester schmiedete. Die Ostpriesterhilfe hat viel für sie getan. Die meisten aus dieser ersten Generation sind freiwillig in die Sowjetzone gegangen, wo sie als verborgene Helden leben . . . oder schon gestorben sind. Sie waren der neue Priestertyp, der, leider zu wenig an Zahl und zu bald vergessen, tausendfach vervielfältigt, die Kirche der Nachkriegszeit hätte retten können.

Aber Königstein war auch das „Vaterhaus für die heimatvertriebenen deutschen Priester". Von hier wurden sie unterstützt. Von hier bekamen sie ein Hemd, ein Brevier, ein wenig Geld, einen guten Rat, einen herzlichen Freundesbrief oder die Anschrift eines Samariters, der ihnen helfen wollte. Hier sahen sie den letzten Schimmer der verlorenen Heimat. Das alles war sehr wichtig, weil diese oft älteren Priester mit der Mehrheit der sechs Millionen vertriebenen Katholiken, die nach der Katastrophe noch übriggeblieben waren, in den rein evangelischen Gebieten Deutschlands zusammengepfercht wurden. Sie fanden keine Kirchen und Tabernakel, keine organisierte Seelsorge und nur selten Sympathie bei den einheimischen Protestanten. Im Durchschnitt bekam jeder von ihnen dreißig Ortschaften zur Seelsorge zugewiesen. Sie feierten am Sonntag bis zu fünfmal die hl. Messe. Zu allen Jahreszeiten und oft ohne jegliche Transportmittel zogen sie von Dorf zu Dorf, um zu taufen, zu unterrichten und zu trösten. Und dennoch starben die meisten vertriebenen

Katholiken ohne Sakramente, weil der Priester ihr Sterbebett nicht rechtzeitig erreichte.
Diese Priester waren unterernährt und erschöpft. Sie hatten den Untergang erlebt von allem, was sie aufgebaut hatten, ohnmächtig mußten sie das Wehklagen ihres Volkes anhören. Schon jahrelang suchten sie immer neue Worte und Argumente, um bei diesen schwergeprüften Menschen den Glauben lebendig zu erhalten. Aber eine tatkräftige Hilfe – eine Wohnung, eine Decke, ein Hemd oder ein Brot – konnten sie niemals leisten. Ihre Glaubensverkündigung war ein Rufen in der Wüste. Und ihre ehrlichsten Worte erlitten Schiffbruch an den Klippen der Armut. Ihr Apostolat war übermenschlich schwer.
Priester in Lumpen! Aus achtzehn Bistümern, ganz oder teilweise von Deutschen gesäubert, waren sie mit den grauen Hungerkolonnen ihrer Gläubigen zu den Trümmern des Westens und in die dürren Steppen der Diaspora zogen. Sie waren sechstausend in der alten Heimat, als die Katastrophe hereinbrach. Als die Ostpriesterhilfe anfing, sich um sie zu kümmern, waren nur noch dreitausend übrig.
Dreitausend Priester, die vielfach auf Dachböden oder in Kellern bei der evangelischen Bevölkerung einquartiert waren. Dort wohnten, aßen und schliefen sie. Dort bewahrten sie auch das Allerheiligste auf und zelebrierten die hl. Messe. Dort empfingen sie ihre Gläubigen. Von dort aus zogen sie in der Gegend umher. Es waren meist alte Priester. Dreihundert von ihnen waren über siebzig, mehr als die Hälfte von ihnen war über fünfzig, und nur wenige Dutzend waren jünger als dreißig Jahre.
Möchtest du Einzelheiten aus jener Zeit wissen? Ein Sudetenpriester ist einundsechzig Jahre alt. Er betreut siebenundzwanzig Dörfer und legt in sechs Monaten zu Fuß zweitausendfünfhundert Kilometer zurück!
Ein schlesischer Priester ist vierundsechzig Jahre alt. Er hat ein Herzleiden, betreut in gebirgiger Gegend einunddreißig

Dörfer, zelebriert jeden Sonntag vier hl. Messen und legt wöchentlich hundertzehn Kilometer zu Fuß zurück!
Im Bistum Berlin gab es damals Priester, die mutterseelenallein die Sorge für siebzig oder achtzig Ortschaften hatten.
Begreifst du, wie wohltuend für diese Männer die Sphäre der Stille in ihrem Königsteiner Vaterhaus war. Denn während der Ferienmonate war Königstein leer. Die Theologen arbeiteten bei den Bauern oder in Fabriken, als Straßenbauer, beim Wiederaufbau oder in den Bergwerken, um ihr Seminar instand zu halten. Nur einige Professoren, die ostpreußischen Schwestern und die Sekretärinnen des Priesterreferats bevölkerten noch die hohle Kaserne. Aber dann öffneten sich die Tore für Exerzitien und Tagungen der heimatvertriebenen Priester. Aus allen Windrichtungen Deutschlands strömten die ermüdeten Hirten von Gottes verjagten Schäflein herein.
Für wenige Tage wurden sie von der einheimischen Geistlichkeit oder von ausländischen Priestern der Ostpriesterhilfe abgelöst, konnten endlich einmal weg aus ihrer Misere, um in Königstein die Atmosphäre der Frömmigkeit und Gnade zu kosten und ihr armes, gequältes Menschenherz einmal auszusprechen bei Mitbrüdern, die sie verstanden. So kamen sie in den ersten Jahren aus den Diasporagebieten von Schleswig-Holstein und Niedersachsen, aus den Trümmerfeldern des Westens, aus den enormen Bunkerkolonien der Großstädte und sogar heimlich aus dem Terror der Sowjetzone. Eine bunte Gesellschaft. Sie hatten keine Soutanen und oft keinen schwarzen Anzug. Sie waren abgemagert und verfallen. Einige kamen mit offenen Hemdkragen, andere in amerikanischen Uniformteilen, im Hochzeitsanzug des Großvaters eines Wohltäters, mit Mützen und gelben Strohhüten oder barhäuptig. Viele nur zu erkennen an ihrem Priesterkragen und einem schwarzen Fetzen unter der Jacke. Andere völlig unkenntlich. Müde Proletarier in den zusammengerafften Lumpen der bittersten Armut. Kriegsversehrte mit Gehstök-

ken und Beinprothesen. Entwurzelte Gelehrte, die bei diesem kurzen Beisammensein tiefer denn je das Heimweh spürten, die in ihren Gesprächen hungrig zu dem Leben von früher zurückkehrten und mit zitternden Fingern nach ihren alten Büchern und Schriften tasteten.

Aber auch junge und verbissene Kerle waren dabei, die leidenschaftlich von der tiefen Not ihres Volkes sprachen, die jede finanzielle Sicherheit für sich selbst ablehnten, die keine Zukunft und kein Obdach haben wollten, solange ihre zerstreuten Schäflein den warmen Stall der Heimat entbehren mußten.

Wie tapfer und groß waren diese Diskussionen, die ich mein ganzes Leben lang nicht vergessen werde. Bei diesen Männern spürte man die Sorge und heiße Liebe für die Seelen. Wie bewundernswert war ihre übermenschliche Kraft, die Kraft derer, die nur noch auf Gott vertrauen. Ich denke mit Heimweh zurück an diese Rucksackpriester von Königstein. Verworfen von den Menschen, totgeschwiegen von der Weltpresse, verleugnet von der Christenheit, aber auserwählt und gezeichnet von Gott. Sie dachten nicht an sich selbst, als ich in ihrer Mitte saß. Ihre einfachen Berichte, die Geschichte ihrer Erfahrungen, die Leidensspuren in ihren gemarterten Gestalten, ihre Klagen und ihre Forderungen . . . alles zusammen wuchs zu einem entsetzlichen Zeugnis, zu einer zerschmetternden Anklage gegen unsere Zeit, gegen unsere Zeitgenossen, gegen uns selbst.

Der Heldenmut, den ich in Königstein fand, übte den größten Einfluß auf die Entwicklung der Ostpriesterhilfe aus. Jahrelang war dort der geistige Mittelpunkt unserer Aktivität. Die Anschriften der Rucksackpriester, die von unseren flämischen Schulkindern geistlich und materiell adoptiert wurden, bekamen wir von Königstein. Unsere Kongresse „Kirche in Not“, mit Ausnahme des ersten, fanden in Königstein statt. Die Verteilung unserer „Fahrzeuge für Gott“ wurde in Königstein geregelt. Und die Zentrale unse-

rer Kapellenwagenmission mit der großen Garage unter dem „Haus der Begegnung“ ist noch immer in Königstein.[1]
Das Herz von Königstein war Prälat Kindermann, der zäh und mit ungestümem Gottvertrauen die Königsteiner Anstalten geschaffen hat. Er war die providentielle Figur, die mit Todesverachtung Tausende von Menschen in den tschechischen Konzentrationslagern geistlich und leiblich gespeist und sie sowohl von der Verzweiflung als vom Tode gerettet hat. Und als in Königstein der erste Flüchtlingsbischof, Maximilian Kaller, vor Hunger und Elend gestorben war und eine Reihe von Seminaristen körperlich zusammenbrachen, hat er mit einem fast verwegenen Glauben an die Tore von Rom und des Weltgewissens gepoltert, und Gott belohnte seinen Glauben mit der Ostpriesterhilfe.
Die Ostpriesterhilfe ist groß geworden in Königstein, und Königstein ist groß geworden durch die Ostpriesterhilfe. Tonnen theologischer Bücher, Decken, Kleider, Lebensmittel, Hunderttausende Gulden und Millionen Franken hat unser Werk jahrelang nach Königstein geschickt. Dafür empfingen wir den persönlichen Kontakt mit der geistlichen Not. Die Ideen von Königstein haben die Entwicklung der Ostpriesterhilfe mächtig beeinflußt.
In dem Maße, in dem in Deutschland das Elend gelindert wurde und die Vertriebenen sich immer mehr daheim fühlten in den neuen Wohnstätten ihres gesamtdeutschen Vaterlandes, konnte das „Vaterhaus der Vertriebenen“ unmöglich die Bedeutung behalten, die es ursprünglich für die Ostpriesterhilfe hatte. Dieses Vaterhaus ist aus Problemen entstanden, die jetzt zum größten Teil gelöst sind. Als sich die Tide verlaufen hatte, mußte die Ostpriesterhilfe die Bojen verlegen. Von dem Augenblick an, als sich die Schwerkraft unserer Aktion auf die Flüchtlinge anderer Völker und auf die verfolgte Kirche hinter dem Eisernen Vorhang verschob,

1 bis 1969.

konnte Königstein nicht mehr Flagge und Zentrum unserer Arbeit bleiben. Aber mit Freude und Dankbarkeit gedenken wir der innigen Zusammenarbeit von früher, und unzerbrechlich ist bis zu seinem Tod im Jahre 1974 die Freundschaft geblieben, die mich mit dem alten, frommen, unbeugsamen, ewig jungen Kindermann verband.

Die zündende Idee

Immer wieder unterbrach ich meine Betteltouren durch das flämische Land, um nach Deutschland zu reisen und persönlich das Elend zu erfahren. Tagelang raste ich über die deutschen Autobahnen. Weiße Häuschen und goldene Burgen lagen auf den Flanken der Hügel. Aber nach zehn oder zwanzig paradiesischen Abhängen und nach dem allerletzten grünen Feld tauchte immer wieder das graue Skelett toter Städte auf. Aachen, Düren, Köln, Mainz, Frankfurt, Kassel, Hamburg, Bremen. Es war überall dasselbe: Der Greuel der Zerstörung in Orten, die heilig waren wegen ihrer Kathedralen und der lauteren Schönheit, durch die sie einmal Gottes Herrlichkeit verkündeten.
Bestürzend waren diese verdorrten Trümmerwüsten. Bestürzend die Baracken hinter brüchigen Zäunen, die beschämt Millionen unschuldig Verdammter dem Auge entzogen.
Tief beeindruckt schlug ich Alarm:
„Es ist Passionszeit! Schmerzensmutter unterm Kreuz, öffne doch die blinden Augen der Christenheit für die unzähligen weinenden Mütter mit ihrem toten Kind im Arm. Nicht einmal die Zeit war ihnen vergönnt, zum letztenmal am Straßenrand ihr Liebstes in den milden Schoß der Erde schlafen zu

legen. Wecke in unseren steinernen Herzen Unruhe wegen der Millionen Mitmenschen, die hier unter dem Kreuz erlagen, Ecce-Homos, die von christlichen Großmächten den Henkern überliefert wurden. Wecke Unruhe wegen der Lager, die hier zahllos hinter Wäldern und Hügelrücken oder an der Grenze der vernichteten Städte gesät liegen. Hier leben die Vertriebenen mit zwanzig Personen zusammen in den Nissenhütten, die wie Geschwüre und Pestbeulen überall aus der geschundenen Haut der Erde herausbrechen. Hier steht irgendwo zwischen einer Baracke und einer zerrissenen Decke das abgemagerte Pferd, mit dem ein ostpreußischer Bauer nach Westen zog. Es steht dort arbeitslos, wie sein Herr arbeitslos dasitzt in einer dunklen Ecke der Baracke. Sein letztes Besitztum und seine Fettration hat er eingetauscht gegen Hafer für sein Pferd – für das letzte Stückchen Heimat, das ihm geblieben ist. Letzte Chance, um einmal wieder heimzukehren und von neuem anzufangen. Seit Jahr und Tag quält der rauhe Wind die Flanken des mageren Tieres, und einmal wird es einen Morgen geben, an dem es tot am Boden liegt. Dann wird auch sein Herr nicht mehr lange leben ...

Rufe Unruhe und Sorge in unseren Herzen wach wegen Salzgitter, Stadt ohne Gesicht und ohne Geist. Stadt des Todes, die halbwegs im Aufbau steckengeblieben ist – gräßlich wie ein Entstellter, der plötzlich aufhört zu wachsen. Hundertzwanzigtausend Entwurzelte wurden hier zusammengeworfen. Hier sind alle Stämme und Völker vertreten, wie auf dem ersten Pfingstfest. Nur der Heilige Geist fehlt. Hier schleicht die Arbeitslosigkeit durch alle Elendsquartiere. Hier beten die Katholiken mit Leidenschaft und Feuer die Gebete, die der Bischof von Hildesheim vorschrieb, um das Unheil der Demontage abzuwenden. Demontage, die die Zahl der Arbeitslosen vervielfacht ... Aber Tag um Tag setzen die englischen Zerstörungskolonnen ihre sinistre Arbeit fort, und Tag um Tag wird mit den Maschinen auch die Zu-

kunft von hundertzwanzigtausend Verzweifelten in die Luft gesprengt.
Komm mit mir in das furchtbare Lager von Uelzen, ein Durchgangslager, wo die Flüchtlinge aus der Ostzone aufgefangen und gesiebt werden. Eine enge Schleuse, durch die ein endloser Menschenstrom hindurchgepreßt wird. Die Schleuse der Hoffnungslosigkeit. Etwa tausend Flüchtlingen pro Tag gelingt es unter schwersten Opfern und Entbehrungen, die Zonengrenze zu überschreiten.[1] Schon eine Million und zweihunderttausend sind hier durchgegangen. Desperados und Vogelfreie, Spione und geflüchtete Zwangsarbeiter, geschändete Frauen und von der Angst Gejagte und viele, viele Kinder füllen die braunen Baracken. Nur 20 % der Flüchtlinge, deren Leben in der Sowjetzone in Gefahr ist, erhalten im Westen eine Aufenthaltsgenehmigung. Die anderen eine Fahrkarte und ein bißchen Essen für die Rückfahrt. Denn es geht nicht. Dieser unabsehbare Flüchtlingsstrom verhindert und desorganisiert jeden Versuch zum Wiederaufbau. Es gibt noch keinen Platz für die Massen in einem Land, wo die Hälfte des Wohnraums zerstört ist und wo die Bevölkerung schon um mehr als zwölf Millionen Heimatvertriebene vermehrt wurde. Es gibt keine Wohnungen, keine Arbeit, kein Essen, kein Geld. Es ist Selbstmord, diese Massen hineinzulassen. Aber ist es nicht auch Mord, sie zurückzuschicken? Was willst du? Mit dem Lagerleiter ringst du ratlos die Hände. Es ist so hoffnungslos. Hier prallen die Gegensätze aufeinander. Nicht hineinlassen? Zurückschicken? Ihrem Schicksal überlassen? Gott mag es wissen.
Dies alles ist noch unpersönlich. Man liest es aus den Statistiken. Aber geh jetzt mit durch diese stinkenden Baracken mit den vier Bettreihen als Kojen übereinander. Sprich zu diesen Menschen. Geh zu diesem Mädchen. Es heißt Friedhilde. Vier Jahre arbeitete sie in den Bergwerken Sibi-

1 Bis 1961 der Eiserne Vorhang die Grenze absperrte.

riens. Mit sechshundert anderen Sklavinnen, verfrachtet in Viehwaggons, durfte sie endlich zurück: Hungerödem, Wassersucht, Herzschwäche. Tausend andere sind in Sibirien gestorben. Sie hatte Glück. Sie fand ihre Mutter in einem Bunker in Magdeburg. Es gab auch noch Platz für sie. Fünfzig oder einundfünfzig macht im Dunkeln nicht viel Unterschied. Aber immer war ihr bange. Natürlich war ihr bange. Angstpsychose, die ihr keine Ruhe ließ. Sie hatte bei den Russen zuviel erlebt. Deshalb ist sie geflüchtet, blindlings nach Westen. Ein wilder Lauf in die Freiheit. Von Stadt zu Stadt. Dann der Sprung, nachts, über die Grenze. Weiter bis Uelzen. Und in Uelzen eine Handvoll Beamter, ein Arzt, die britische Geheimpolizei und eine Kommission ... Gestern bekam sie eine Rückfahrkarte, weil Westdeutschland nicht imstande ist, all diesem Volk ein Dach und Essen zu geben. Zurück, Friedhilde! Ich habe mit ihr gesprochen, eine ganze Stunde lang. Ich konnte sie nicht überzeugen. Am nächsten Morgen war Friedhilde tot. Durchgeschnittene Pulsadern. Selbstmord aus Verzweiflung.

Mein Gott, was soll aus diesem Volk werden? Finstere, verschlossene, mißtrauische Gesichter. Ein einsames und endlos trauriges Kind auf einem grauen Rucksack. Mütter mit Säuglingen. Mißhandelte Jungen aus einem Konzentrationslager und überall, überall Kinder. Und vor dem Eingang des Lagers junge Frauen, noch Mädchen, mit brutalen Blicken und schamlosen Gebärden. Natürlich! Dieses uferlose Leid schreit nach einem Augenblick Betäubung und Rausch. Die Hölle von Uelzen. Schleuse der Verzweiflung ..."

So war die Lage in jenen ersten Jahren der Ostpriesterhilfe. Beschwörend stand ich vor meinem Volk, fünf-, zehnmal am Tag, und schrie ihm die Wahrheit ins Gesicht. Ich konfrontierte meine Zuhörer mit harten Realitäten. Ich hämmerte ihnen ein, daß die kommunistischen Machthaber dieses Chaos in Deutschland brauchten, um dort eine Revolution zu entfesseln. Deshalb mußten diese Millionen mit einem Federstrich in Potsdam allen Besitzes und aller Menschenrechte beraubt werden. Deshalb mußten sie entmenscht und degradiert werden in monströsen Massenlagern. Entwertet zu einem Ding, zu Material, mit dem man tun kann, was man will; aus dem man einen Sturmbock machen kann, um wieder andere Dinge kaputtzuschlagen; mit dem man eine ganze Welt aus den Fugen reißen kann.

Meine ganze Arbeit in der Ostpriesterhilfe sah ich als einen Versuch an, durch seelsorgliche und karitative Hilfe diesen kommunistischen Plan zu durchkreuzen. Die Kirche im Grenzgebiet zwischen Ost und West widerstandsfähig zu machen. Das Christentum so anziehend zu machen, daß auch der östliche Mensch bereit sein würde, es anzunehmen. Entscheidend für diese Auffassung war für mich ein Gespräch mit einem Sowjetgeneral.

Es war 1949. Ich begegnete ihm im geheimen durch Vermittlung einer Zwischenperson in Berlin. Er sprach gut deutsch. Wir diskutierten stundenlang. Als er sich verabschiedete, sagte er: „Wir sind die Elite Satans, aber ihr, seid ihr die Elite Gottes?"

Sind wir tatsächlich die Elite Gottes? Wenn wir die Elite Gottes nicht sind, hat es gar keinen Sinn, von einem christlichen Europa zu reden, und haben wir auch nicht mehr die Kraft, eine christliche Aufgabe zu erfüllen. *Wir* müssen die Elite Gottes sein. Wir müssen unser Christentum durch die Liebe lebendig machen, so daß es für die anderen akzeptabel wird. So daß wir es den unverbrauchten Völkern aus dem Osten, die uns bald im Herrschen und Regieren über diese Erde ablösen werden, weitergeben können.

Hier hatte ich die große Idee gefunden, die fesselnd und einfach genug war, um alle anzusprechen. Hierdurch wurden alle Einzelheiten unserer Hilfsaktion in ein anderes Licht gerückt, aus dem Durchschnittsniveau der karitativen Tätigkeit herausgehoben und in den Dienst eines hohen Zieles gestellt,

das jeden persönlich angeht und das jeder leicht verstehen kann.
Wir haben in unserem Leben das Kunststück der Diplomatie fertiggebracht, Christus mit der Welt zu versöhnen, Seine Lebensstruktur, die Norm und Regel jedes christlichen Lebens ist, zu fälschen und Seine unentrinnbaren Forderungen mit der menschlichen Schwachheit in Einklang zu bringen. Sein Licht leuchtet wohl in der Finsternis, aber wo ist der Johannes, der in lebendigen Taten vom Licht Zeugnis ablegt?
Europa ist nicht ewig. Eine Welt bricht zusammen, und die Schwerpunkte sind schon verlegt. Biologisch und wirtschaftlich gehört die Zukunft dem Osten. Uns bleibt nur eine Aufgabe. Keine politische oder militärische, sondern eine christliche, eine geistliche Aufgabe. Und diese christliche Aufgabe liegt nicht in dem Versuch, die vitalen Völker noch im letzten Augenblick durch Atombomben oder Geburtenregelung oder, wie es die Christen früherer Zeiten leider schon getan haben, durch Opium oder „Feuerwasser" zu vernichten. Nein, wir dürfen den Osten nicht töten, wir müssen ihn taufen! Ohne Zweifel ist es der Wille Gottes, für den alle Völker gleich sind, daß wir das Erbe, das Er uns anvertraut hat, denen weitergeben, die nach uns kommen. Dieses Erbe ist nicht die europäische Kultur oder die Perfektion der modernen Technik, sondern das Evangelium, die Kirche und die Sakramente. Dieses Beste und Wertvollste, was wir besitzen – die unermeßlichen Reichtümer des Glaubens und der Gnade –, müssen wir retten für die Zukunft. Deshalb muß unser Christentum so brennend und strahlend sein, daß es Stadt auf dem Berge und Licht auf dem Leuchter ist, so daß die anderen davon überzeugt werden, daß wir die Wahrheit und das Leben haben!
Das meist Beunruhigende in unserer Situation und die größte Not der Kirche ist darum wohl der Verfall des christlichen Geistes bei uns allen, die wir allzuoft das Christentum kompromittieren, anstatt es für die Völker der kommenden

Zeiten begehrenswert zu machen. Darum müssen wir zurück zu Christus! Nur die Begegnung und der lebendige Kontakt mit Ihm kann uns in dieser letzten Stunde retten.
Wollte Er vielleicht in Millionen Verfolgten und Verjagten arm, geschunden und hilfsbedürftig werden, damit wir nicht umhin können, Ihm überall zu begegnen? Und muß das Kreuz Christi vielleicht deswegen millionenfach durch Europa getragen werden, damit nur die Böswilligen Ihm den Veronika- und Cyrenerdienst verweigern, der sie in der elften Stunde noch zu besseren Menschen hätte machen können?
Ja, vielleicht hat der Herr in der heutigen Welt Unzählige zu Verworfenen und Armen gemacht, damit wir Ihm selbst in Unzähligen begegnen müssen und so zu der Liebe gezwungen werden, die die Menge unserer Sünden zudeckt und überdies noch unser Christentum mit dem Glanz des Eingeborenen umstrahlt, so daß die Völker der Zukunft, für die wir verantwortlich sind, dieses Christentum vielleicht doch noch von uns annehmen wollen.
Diese apostolische Idee der Ostpriesterhilfe, die ich auch dem Bauorden zu vermitteln versucht habe, erklärt die Begeisterung, mit der das noch christliche Volk, und vor allem die Jugend, von Anfang an für unser Werk durchs Feuer ging. Auch dort, wo gefestigte Organisationen und kirchliche Behörden zunächst der unerwartet großen Ausbreitung unseres Werkes skeptisch, mißtrauisch und abweisend gegenüberstanden, waren es schließlich die unverkennbaren Früchte der Liebe, die Erneuerung des christlichen Geistes und die vielen geistlichen Berufungen, die die Ostpriesterhilfe siegreich aus allen Schwierigkeiten hervorgehen ließen.

Die Schule der Liebe

Der Präsident des Deutschen Caritasverbandes, Prälat Eggert, schrieb einmal, daß unser Werk mit großem Erfolg die Formung barmherziger Menschen in die Hand genommen habe. Es scheint tatsächlich wahr zu sein, daß unzählige Menschen durch den Kontakt mit der Ostpriesterhilfe Samariter geworden sind, die sich in heldenhafter Selbstverleugnung über die Wunden von Feinden und Fremden hinneigen.

Deshalb kann man vielleicht sagen, daß unser Werk nicht nur der verfolgten und geflüchteten Christenheit aus dem Osten, sondern vielmehr den Völkern des Westens einen Dienst erweist. Unzählige haben in der Ostpriesterhilfe wie in einer Schule der Liebe das Wesen des Christentums entdeckt und leben gelernt.

Da anfangs unsere Aktion ausschließlich den Deutschen zugute kam, mußten wir uns anstrengen, in Flandern und Holland den Haß gegen die Deutschen zu überwinden und die Liebe wiederherzustellen.

Viele Male habe ich in Predigten und Vorträgen die Geschichte meines Auftretens in Vinkt an der Leie erzählt: Im Jahre 1940 hatten die einrückenden deutschen Truppen dort fünfundachtzig Männer erschossen. Unter ihnen war der Kaplan, und auch die Bewohner des Altersheim wurden ermordet. Das älteste Opfer war neunundachtzig Jahre alt, das jüngste dreizehn. Keine Familie ohne einen Toten.

Der Pfarrer von Vinkt war besorgt, weil zehn Jahre nach diesem Blutbad der Haß immer noch in den Herzen seiner Pfarrkinder loderte. Er wußte, daß Gott den Haß nicht segnen kann. Deshalb hatte er alles versucht, ihn auszurotten, aber es war ihm nicht gelungen. Als er sich keinen Rat mehr wußte, bat er mich, an einem Sonntagabend nach Vinkt zu kommen, um von der Not der Deutschen zu erzählen. Ich muß eingestehen, daß ich Angst davor hatte. Ich bin einen

Tag vorher nach Vinkt gefahren, um das Gelände zu erkunden.
Am Samstagabend traf ich im Pfarrhaus ein. Verzweifelt hob der Pfarrer die Hände und rief:
„Es wird nicht gehen, Herr Pater, die Leute wollen nicht. Sie sagen: Was? Dieser Pater kommt, um für die Deutschen um Hilfe zu bitten? Für die Schufte, die unsere Männer und Jungen erschossen haben? Niemals! Keine lebendige Seele kommt zum Vortrag. Vor leeren Stühlen kann er predigen, wenn er will. Und er hat noch Glück, daß er ein Pater ist. Sonst würden wir ihn zusammenschlagen!"
Was sollte ich tun? Im Einvernehmen mit dem Pfarrer entschied ich, die Abendkundgebung vorzubereiten, indem ich am Sonntag in allen hl. Messen predigen würde. So stand ich am nächsten Morgen überraschend auf der Kanzel, eine ganze Viertelstunde lang, und predigte von der Liebe. Es war die schwierigste Predigt, die ich in meinem Leben gehalten habe. Aber sie gelang. Und als ich nach der Messe meine Danksagung hielt und die Kirche ganz leer war – denn die Leute schämen sich zu zeigen, wie gut sie sind! –, kam schüchtern eine Frau nach vorne. Sie sagte nichts, aber gab mir tausend Franken und war weg, bevor ich sie etwas fragen konnte. Zum Glück kam der Pfarrer gerade aus der Sakristei und sah sie noch hinausgehen. Er erzählte: Sie ist eine einfache Bauersfrau. Aber ihr Mann, ihr Sohn und ihr Bruder sind 1940 von den Deutschen ermordet worden. – Und sie war die erste.
Im Laufe des Tages nahm mich der Pfarrer als Vorbereitung für die Abendkundgebung zu verschiedenen Versammlungen von Jugendgruppen mit. Er besuchte mit mir die Familien, die am schwersten betroffen waren, damit ich meine Absicht auch dort erläutern konnte. Und zusammen haben wir für den guten Ablauf der Sache gebetet.
Abends war der Saal voll. Ich habe zwei Stunden von der Not der Rucksackpriester und der Verlassenheit ihrer Gläu-

bigen gesprochen. Ich habe nicht um Speck, Geld oder Bekleidung gebettelt. Ich habe nur gebettelt um Liebe, und ganz am Ende habe ich gefragt, ob sie mit mir zusammen für ihre notleidenden Brüder in Deutschland beten wollten. Sie haben gebetet mit Tränen in den Augen. Und abends spät, um elf Uhr, als es dunkel war und niemand sie erkennen konnte, kamen sie, einer nach dem andern, ins Pfarrhaus, um einen Umschlag mit hundert Franken, mit fünfhundert Franken, mit einem Brief dabei, abzugeben. Und am nächsten Morgen früh, bevor ich abreiste, standen sie wieder am Pfarrhaus ... Ich habe dort siebzehn Briefumschläge mit Geld bekommen. Sie überwiesen Geld auf mein Postscheckkonto. Sie sammelten Speck. Sie adoptierten einen deutschen Priester.
Das war Vinkt!

Die Schule der Liebe! Ich finde zwischen meinen Notizen den Bericht über ein rührendes Erlebnis im „Heilig Grab", einem großen Mädchenpensionat in Turnhout, wo die Kinder jahrelang mit großer Opferbereitschaft fünfzig „Ostpriester" betreut haben. Eine Schwester schreibt:
Der erste Morgen des neuen Schuljahres. Strahlende Gesichter und frische Schürzen, die von Stärke und gutem Willen knistern. Jetzt geht's wieder los. Die vierte Klasse der Handelsschule steht beisammen. Jedes Mädchen hat etwas über Ferienerlebnisse zu berichten. Da kommt eine angelaufen mit dem Auftrag:
– „Agnes, schnell zur Schwester Direktorin kommen."
Agnes macht gewohnheitshalber eine kurze Gewissenserforschung und stapft ein wenig zaudernd und neugierig die blauen Stufen hinauf. Neunzehn Augenpaare folgen teilnahmsvoll.
– „Sie bekommt einen Brief ... Es ist ein Zeitungsausschnitt." Schon ist Agnes wieder zurück und sagt schroff:
– „Unser Ostpriester ist gestorben."
Eine ungewohnte Stille fällt in die lebhafte Gruppe. Herum-

stehende Kinder blicken verwundert aus ihrem Gespräch auf: Was hat die großen Klatschmäuler plötzlich so still gemacht? Wie ein Feuer läuft es durch den ganzen Schulhof:
– „Weißt du es schon? Der Priester der vierten Handelsklasse ist gestorben. Schwester Direktorin hat's soeben gesagt."
Ein kleines Mädchen schaut ängstlich zur Schwester Direktorin auf, ob diese vielleicht auch ihm etwas zu sagen hat.
Inzwischen übersetzt Agnes mit Hilfe der neunzehn anderen den deutschen Bericht. Diese kurze Lebensskizze ihres Priesters war ihnen schon aus seinen Briefen vertraut. Er hatte ihnen sogar viel mehr Einzelheiten geschrieben. Allein, das bescheidene Lob wirft ein neues Licht auf bestimmte Details, die sie bereits aus der vierjährigen Korrespondenz kennen. Zu dem kurzen Satz, daß er aufs herzlichste mit seinen Pfarrkindern aus dem Osten verbunden war, sagte Agnes still: „Wie es daheim war, ist es nimmermehr!" Ja, die Agnes! Das hat sie auswendig gelernt und noch aus dem ersten Brief behalten, als sie noch kein Wort Deutsch verstand.
– „Ich möchte die Briefe gern noch mal lesen: vor vier Jahren waren wir noch zwölfjährige Kinder! Wollen wir die Schwester Direktorin fragen?"
Ach, diese Briefe ... Es sind dreißig. Am Donnerstag nachmittag haben sie sich getroffen und mit aller begreifenden Liebe, zu der Mädchen von sechzehn imstande sind, die Briefe ihres Ostpriesters wieder gelesen. Viele vergessene Ereignisse aus den vergangenen Schuljahren wurden dabei wieder lebendig.
– „Weißt du noch, Marie-Luise, daß du voller Angst gefragt hast, ob unser Priester nicht zu hungern brauchte, wenn wir während der Ferien nichts schickten?"
– „Und die große Diskussion, als wir unser erstes Paket verschickten: Was hat unser Ostpriester am liebsten?"
– „Ja, wir standen zu fünft im Laden, und es dauerte drei Viertelstunden, bis wir herauskamen."

– „Und das eine Mal, als wir den Kaffee nicht richtig in die Mitte des Paketes gesteckt hatten und nur noch eine leere Tüte übrig war, als die Sendung ankam.“
– „Schau, hier wird die Schrift schon unklar. Da war unser Priester bestimmt schon krank!“
– „Er war anscheinend immer froh über unsere Briefe!“
– „Und dies ist sein letzter: 22. Juni 1953, sieben Wochen vor seinem Tod. Damals war er immer noch ganz in der Seelsorge.“
Stille: Und dann nach einigen Augenblicken:
– „Sicher sind dann die Medikamente, die ich für das letzte Paket mitgebracht habe, zu spät gekommen. Vielleicht waren es auch nicht die richtigen. Wir wußten doch gar nicht, welche Krankheit unser Ostpriester hatte!“
Aber Agnes tröstet sie und sagt:
– „Diese Medikamente haben sicher andere Menschen gesund gemacht, denn in jedem Brief kommt unser Priester darauf zurück, daß es die Liebe ist, mit der wir alles schicken, die ihn am glücklichsten macht; denn: die tiefste Not sitzt im Herzen.“
Mit einem jähen Begreifen lesen sie wieder, wie froh er über ihre Pakete war, bloß wegen der farbenfreudigen Verpackung von Muskatnüssen, Tapioka, Zucker und allem andern. In diesem bunten Papier und den Bändchen steckte auch ihr ganzes Kinderherz ... Und sie griffen wieder zu dem letzten Brief, viel kürzer als die anderen, aber ein schönes Zeugnis des harten, armen, einsamen Lebens ihres Ostpriesters:
– „Der Herr Bischof kam hierher zur Firmung, und da gab es sehr viel vorzubereiten. Es ist hier, wie Ihr wißt, nur eine kleine Gemeinde, und wir hatten nur sechzig Firmlinge, und der Bischof ist hier nur drei Stunden geblieben. Es ist alles gut abgelaufen, und er war sehr zufrieden. Es gab zwar viele Schwierigkeiten bei der Vorbereitung, aber ich habe sie zum Glück überwinden können, und meine Ge-

sundheit hat Gott sei Dank auch durchgehalten. Herzlichen Dank für das Paket, das mir wieder so viel Freude brachte und auch beim Bischofsbesuch gut zustatten kam ... Möge der Heilige Geist Euch allen bei den Prüfungen am Ende des Schuljahres helfen. Ich werde viel für Euch beten ... Ich empfehle mich auch Eurem Gebet und grüße Euch alle sehr herzlich und dankbar ..."

Sie blieben noch eine Weile zusammen. Ganz still. Sie waren traurig, und ein wenig haben sie verstanden, wieviel Dank sie auch ihm, ihrem Ostpriester, schuldeten. Dank für seine Gebete, für sein Beispiel, aber vor allem für sein Dasein in Not und Armut, das ihre jungen Kinderherzen die Liebe lehrte und ihnen ein wenig Verständnis gab für die großen Schmerzen in dieser Zeit.

Am nächsten Tag gingen sie alle gemeinsam zur hl. Messe, die sie „für die Seelenruhe unseres Priesters" zelebrieren ließen.

– „Aber er ist sicher im Himmel!"

– „Dann für alles, wofür er uns beten ließ, als er noch lebte."

Er war zweiundsechzig Jahre alt ... der Ostpriester der vierten Handelsklasse.

Nun ist es an mir, die Briefe nochmals durchzublättern.

Zwischen den Zeilen lese ich, wie arm und einsam dieser Priester war, wie verlassen und verloren in diesem Dörflein. Bei fremden Menschen, die nicht seine eigenen Leute waren. Unter der Jurisdiktion eines Bischofs, der nicht sein eigener Bischof war. Er war nicht mehr ganz gesund und litt dadurch doppelt unter aller Last. In seinen Briefen lese ich nicht, daß er je mutlos war, aber wohl spüre ich, wie verbissen er kämpfen mußte, um mutig zu bleiben. Und immer, in jedem Brief, als rührenden Refrain: „Es ist doch gut. Es ist alles gut."

Wieviel Leid und Seelennot ist verborgen hinter dem beinahe nüchternen Bericht aller seiner großen und kleinen Sorgen, wie er sie still und schlicht diesen Mädchen aus Flandern erzählt. Aber welch ein Wachsen zum Höchsten und Besten ist auch in dem unbeholfenen Schmerz dieser großen Kinder von fünfzehn, sechzehn Jahren verborgen! Das hat die Ostpriesterhilfe unseren Mädchen gebracht: die Möglichkeit, in völlig selbstloser Liebe für andere, für Unbekannte, das Schönste zu tun: sich selbst grundlosem Leid zu schenken.

* * *

Die Schule der Liebe. Sie gilt auch für die Niederlande. Die Menschen dort sind viel sachlicher als in Flandern, und zu Recht oder zu Unrecht denkt man bisweilen, daß der Holländer auch in der Liebe rechnet und nicht leicht seinen Kopf verliert. Aber Kees Griffioen, der mit dem St.-Martins-Wagen der Ostpriesterhilfe auf seiner Rundreise um Nächstenliebe ganz Holland durchquerte, kann jeden eines Besseren belehren. Hier folgt seine Geschichte vom neuen Mantel, die er mir einmal erzählte:
„Die meisten Mütter folgen der Mode nur aus der Ferne. Mit versetzten Knöpfen, einem veränderten Mantelkragen oder einer neuen Schnalle kann man einen Damenmantel schon einige Jahre gültig in Umlauf halten. Aber es kommt ein Augenblick, da es nicht mehr geht. Dann bekommt die beste Mutter auf einmal das Gefühl, zum Spott der Leute geworden zu sein. Und es gibt immer eine interessierte Freundin, die fragt, ob der Mantel schon drei oder vier Jahre alt sei. Diese Frage wird dann zum Anlaß, daß Mütter, die alles für ihre Männer und Kinder, aber nie etwas für sich selbst übrig haben, auf einmal anfangen, im Verborgenen zu sparen. Für den neuen Mantel! Die Sparbüchse wird voller oder leerer, je nachdem eine Mutter ihre Großzügigkeit zu beherrschen vermag. Und an diesen Zeichen weiß man, daß der Tag nahe ist: wenn sie mit mehr als gewohnter Aufmerksamkeit im Modejournal blättert,

wenn sie beim Ladenbummel zu einem bestimmten Schaufenster zurückkehrt . . .
Zuweilen hatte so eine Mutter das Glück (wer wagt es, es anders zu nennen?), daß, noch bevor der Tag des neuen Mantels gekommen war, der St.-Martins-Wagen in die Gemeinde kam. Sie hörte von geflüchteten Müttern mit Kindern in großen Lagern, die ohne Windeln und Wolljacken nachts Kälte leiden. Von Müttern, die keinen Vater für ihre Kinder haben, weil der Vater verschleppt, verhaftet, vermißt ist oder weil er davonlief oder weil er ein Unbekannter aus Rußland ist, an den sie sich nur wie an einen menschgewordenen Teufel erinnern. Sie erfuhr von Müttern, die in Fabriken schwer arbeiten müssen und deshalb kaum etwas oder gar nichts für ihr Baby tun können.
Eine gute Mutter ist niemals nur gut zu ihren eigenen Kindern. Eine gute Mutter ist immer irgendwie verbunden mit anderen Müttern, gleich welchen Standes, welcher Nationalität oder Rasse sie sein mögen. Denn alle guten Mütter kennen dieselben Freuden, dieselben Schmerzen, dieselben Ängste. Die Sorgen aller Mütter gehen immer zuerst zum Kind und zu den Kindern.
Die Mutter des neuen Mantels konnte ihre Gedanken nicht überwinden. Sie mußte für eine andere Mutter etwas tun. Da tat sie Großes und Heldenhaftes. Sie tat es namenlos, aber es hat sich viele Male wiederholt. Sie gab das einzige, das sie seit langem für sich selbst bestimmt hatte, weg. Nein, nicht den alten Mantel, sie gab die Sparbüchse für den neuen. Und wenn die Freundin bald wieder fragen wird, ob der Mantel nun schon vier oder fünf Jahre alt ist, wird diese Mutter lächeln. Sie wird an den Mantel denken, dem Mode und Motten in alle Ewigkeit nichts anhaben können, weil er einen Armen umhüllt, in dem Christus ihr sehr nahe ist."

* * *

Die Schule der Liebe. Sonntags hatte ich siebenmal in einer großen Kirche in Koblenz gepredigt. Auch nach der achten Predigt in der Abendmesse kollektierte ich selbst für die Ostpriesterhilfe. Im Körbchen fand ich später ein Kuvert mit einem VW-Schlüssel und mit diesem Brief:
„Ich konnte Sie heute morgen predigen hören. Nun komme ich auch noch zur Abendpredigt, um diesen Brief in Ihren Millionenhut zu legen. Mein Vater ist reich und hat mir für Vergnügungsfahrten einen Volkswagen geschenkt. Ich glaube, daß ich ihn nicht mehr behalten darf. Ein Priester in Jugoslawien soll ihn haben. Den Schlüssel lege ich bei. Der Wagen steht vor der Kirche („Kennzeichen: KO . . .). Die Papiere befinden sich im Handschuhfach. Versuchen Sie bitte nicht, mich zu erreichen – die eine Hand braucht nicht zu wissen, was die andere tut. Nur beten Sie dafür, daß ich Priester werden kann."
In der Schweiz zog ich mit meinem Kapellenwagen predigend durch den Kanton Schwyz. Die Kollekten waren phantastisch. In einem kleinen Dorf lief ein junger Mann noch hinter dem Kapellenwagen her, als wir schon wegfuhren. Er warf einen dicken Brief in den Opferkasten. Nachher entdeckte ich, daß er zehntausend Schweizer Franken enthielt mit der Notiz: „Das ist unsere Aussteuer, die wir bekommen haben, weil wir in drei Monaten heiraten werden. Wir könnten das Geld gut gebrauchen, aber Sie können es hinter dem Eisernen Vorhang besser verwenden. Meine Braut ist auch einverstanden. Wir bringen dieses Opfer, damit Gott uns die Kraft gibt, an unserem Hochzeitstag rein vor Seinen Altar treten zu können." In Vöhringen bei Ulm bekam ich einen Hundertmarkschein mit folgenden Zeilen auf einem Zettel: „Nun sollen Sie ihn haben, diesen Schein für Ihr großes Werk der Liebe. In langen Monaten habe ich dieses Geld heimlich gespart und freute mich auf schöne Gardinen für unsere neue Wohnung, die wir bald beziehen werden. Nun sind auch

die alten Gardinen noch mal schön genug. Eine Mutter mit fünf Kindern."
In Vreden im westlichen Münsterland: „Durch Ihre gestrige Predigt haben Sie mir viel gegeben. Nehmen Sie als Dank die beiliegenden sechshundertfünfzig Mark für die Ostpriesterhilfe. Beten Sie bitte für meine Braut und mich, damit wir, wenn es Gottes Wille ist, wieder so gesund werden, daß wir heiraten können, oder um die Kraft, rein zu bleiben und auch unsere schwere Krankheit für die Ostpriesterhilfe aufzuopfern."
Im Bayerischen Wald: „Gelobt sei Jesus Christus! Ich bin Flüchtling und war auch so arm wie unsere Brüder und Schwestern in Osteuropa. Heute geht's mir besser. Ich bin nicht reich, bin nur Arbeiter, aber diese zweihundert Mark gebe ich von ganzem Herzen für Gott. Ich bete um Seinen Segen und um Arbeitsmöglichkeit und um die Gnade, daß ich noch öfter in der Lage bin, gut zu sein. Dies schreibe ich in großer Dankbarkeit. Ein Flüchtling aus Ungarn."
In Köln: „Grüß Gott! Diese fünfzig Mark schenke ich als arme Witwe mit zwei Kindern aus Liebe zum leidenden Heiland den notleidenden Brüdern und Schwestern. Ich habe mir's abgespart für kranke Tage, da ich weder Rente noch Unterstützung bekomme. Ich lege alles in Gottes Hand und in die Hand der Gottesmutter, auch meine kranken Tage."
In München: „Anbei zwei Ringe von meinem gefallenen Mann. Der Ehering wurde durchgeknipst, weil die Hand meines Mannes im kalten Winter erstarrt war. Ich bringe das Opfer für meine drei Kinder, besonders für meine zwei Jungen, damit der Herrgott ihnen beim Studium helfen und, falls es Sein Wille ist, sie an Seinen Altar berufen möge."
In Luzern: „Für die Ostpriesterhilfe fünfzig Franken – die Ersparnisse einer armen Putzfrau. Beten Sie für mich in einem sehr schweren Familienanliegen. Vergelt's Gott."
In Bozen: „Hochwürden, ich habe kein Auto und kein Motorrad. Diese Zehntausend-Lire-Note habe ich als Legat er-

halten und lege sie als armes Dienstmädchen zu Gottes Ehre und Seinem Dienst in Ihre Hände."

In Hannover: „Nehmen Sie bitte beiliegende Uhr für einen Priester zum Meßkelch. Wir sind Heimatvertriebene aus Oberschlesien und haben diese Uhr von unseren Verwandten gerettet. Unsere eigenen Goldsachen haben uns die Russen abgenommen. Doch hat uns der gütige Gott seit 1945 oft wunderbar geholfen, und wir wollen uns nun zur Ehre Gottes auch von dieser goldenen Uhr trennen. Wir bitten herzlich, doch einmal unserer lieben Verstorbenen im Gebet zu gedenken. Zwei Schwestern aus Schlesien."

In Wien: „Dieses Goldstück hat meine Mutter selig durch Heimarbeit verdient. Sie hat es mir geschenkt. Ich wollte es einmal meinen Kindern weitergeben. Zur Ehre Gottes sei es Ihnen geschenkt, vielleicht können Sie es mit anderem Gold für einen Kelch brauchen."

* * *

Die Schule der Liebe! Ja, laß mich die Liebe besingen, die überall in Europa wie ein hohes Feuer brannte, wo der Weckruf der Ostpriesterhilfe die Herzen ergriff . . .

Weißt du noch, arme Witwe in Gent, wie du mir erzählt hast, daß dein Mann im KZ gestorben sei und daß du mit zwölf kleinen Kindern zurückgeblieben seist? Du hattest Tränen in den Augen, als du mir erklärtest, wie schwierig es für dich war, die Deutschen nicht zu hassen. Aber du wolltest doch das Scherflein der armen Witwe opfern, und du wolltest gern die erste sein!

Die Schule der Liebe. Auch der rohe Viehhändler, stark im Fluchen und Trinken, hatte dort seine Lektion gelernt, als er mir ohne Zögern fünf Tonnen magere Pferdehinterviertel besorgte. Und wer trägt jetzt in Deutschland den nagelneuen Anzug des Erschossenen, der von seiner Witwe weinend der Ostpriesterhilfe gespendet wurde? Und wo steht die kost-

bare Wiege des totgeborenen Mädchens, die von einer einsamen Frau in unserem Magazin abgegeben wurde? Und wo sind die Schuhe geblieben, die die vierschrötige Virginie aus Flandern unter dem Bett ihres kranken Pfarrers hervorzog und sie mit der Bemerkung spendete: „Die braucht er nicht mehr, er macht's doch nicht mehr lange." Und wie viele junge Menschen haben das Geld abgetreten, das sie mühsam und hoffnungsvoll für eine Ferienreise oder Wallfahrt nach Lourdes oder Rom zusammengespart hatten? Und worüber wird sich Gott am meisten gefreut haben: über das Sparbuch mit einhundertdreißig Mark eines siebzehnjärigen Schülers, oder über jenes mit achthundert Mark eines deutschen Kaplans, der durch dieses Beispiel getroffen war? Und wieviel Segen ist vom Himmel herabgeflossen wegen der Heldentat meines unbekannten achtzigjährigen Freundes in seinem Mansardenzimmerchen in Gent, der für die Kirche in Not arm werden wollte und in einem gelben Briefumschlag seinen ganzen Besitz von hundertsechsundfünfzigtausend Franken der Ostpriesterhilfe schenkte.
Eins war rührender als das andere! In meiner Brieftasche verwahrte ich noch die schmuddelige Lohntüte von Krupp in Essen, die mit einem vollen Wochenlohn von einem jungen Arbeiter in die Kollekte gegeben wurde. Und nie habe ich den kleinen Fritz aus Ulm vergessen, der mich am Sonntag in der Kindermesse hat predigen hören und am nächsten Tag, seine volle Sparbüchse und eine warme Tafel Schokolade krampfhaft in die Hand geklemmt, stundenlang durch die Stadt irrte auf der Suche nach dem Speckpater, bis ihn die Polizei mit seiner kostbaren Habe bei mir ablieferte. Und die armen, alten Schwestern aus einem holländischen Kloster, die es vorzogen, in der Kälte sitzen zu bleiben und die ganze Summe, die sie für eine Zentralheizung gespart hatten, frohen Herzens der Ostpriesterhilfe schenkten.
Die Schule der Liebe ... und ich gedenke der Menschen von Hasselt, die nach einer Predigt im Freien den Kopf verloren

Bild 1: Pater Werenfried geht durch das Tor der Abtei Tongerlo in die weite Welt hinaus. Der Generalabt des Prämonstratenserordens, Msgr. Hubertus Noots, hatte Abt Emilius Stalmans 1947 gebeten, seinen jungen Mitbruder Werenfried mit einer besonderen Hilfsaktion für die heimatvertriebenen Priester und Katholiken in Deutschland zu beauftragen.

Bild 2: Hochbunker im Nachkriegsdeutschland. Grau und quadratisch hob sich dieses Ungetüm in Frankfurt-Höchst gegen die linde Sommerluft ab. Als Luftschutzbunker erbaut, wurden diese Betonklötze als Notquartiere für Ausgebombte und Vertriebene verwendet.

Bild 3: Witwe in einem Frankfurter Bunker: Sechs Jahre hinter meterdickem Beton in einem muffigen Raum ohne Fenster oder Luftloch. Ihr Mann starb hier.

Bild 4: Flüchtlingskinder in einem Durchgangslager.

Bild 5: Der Speckpater und sein Vertreter in Königstein, Pater Coenen, bringen Kinder aus den Bunkern und Flüchtlingslagern Frankfurts zur Erholung nach Flandern.

Bild 6: Schwere Last für Mitarbeiter im Warenlager der damaligen Ostpriesterhilfe in Antwerpen.

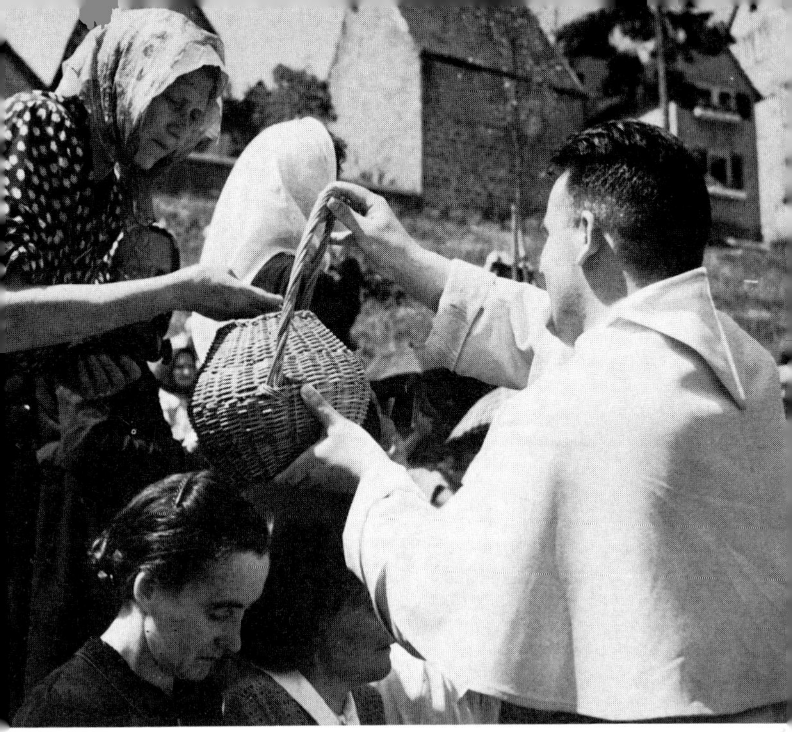

Bild 7: Flüchtlingswallfahrt in Waldürn 1952: Auch die Vertriebenen geben ihre Spende für jene, die noch ärmer sind als sie.

Bild 8: Eines der besten Ergebnisse in der Anfangszeit seiner Bettelaktion für die Vertriebenen und die verfolgte Kirche erzielte der Speckpater 1954 in Essen: 190 000,– DM Bargeld, 40 t Liebesgaben, 4 Autos, 47 Motorräder, 12 Pfund Gold- und Silberschmuck sowie 13 kg alte Silbermünzen.

und in einer Sonntagnacht von zehn bis halb zwei beinahe drei Tonnen Lebensmittel und Bekleidung aus ihren Häusern zum Kapellenwagen schleppten. Ich denke an den Metzger in Holland, der sich während der Besatzung geweigert hatte, den „Moffen“ (Schimpfwort für die Deutschen) sein Fahrrad abzugeben und der nach einer Predigt über die Ostpriesterhilfe das Vehikel fluchend für einen Rucksackpriester spendete. Und die Katholiken von Essen, die in vierzehn Tagen einhundertneunzigtausend Mark Bargeld, vierzig Tonnen Liebesgaben, vier Autos, siebenundvierzig Motorräder, zwölf Pfund Gold- und Silberschmuck sowie dreizehn Kilo alte Silbermünzen für die verfolgte Kirche opferten. Und der Fabrikant, der sein Auto, seine Armbanduhr und all sein Geld, das er bei sich trug, herausgegeben hatte und nachher bei mir fünfzig Pfennige pumpte, um mit der Straßenbahn nach Hause fahren zu können.
Mein Gott, wie schön ist das! So könnte ich hundert Seiten voll schreiben, um zu beweisen, daß die Ostpriesterhilfe eine wahre Schule der Liebe ist für alle Menschen, die guten Willens sind. Die Menschen sind viel besser, als wir denken, sie sind zum Heldentum fähig, sie warten nur auf das zündende Wort, das ihr Herz entfacht. Und dann fängt das Christentum wieder an, das einzige, was uns retten kann.
Wir sind die kleine Halbinsel an einem unermeßlich weiten roten Kontinent. Wir sind der kleine Rest einer geistig verheerten Welt. Wir haben keine Aufgabe für uns selbst, nur eine Berufung für die Zukunft. Wir dürfen nicht versuchen, etwas für uns selbst zu retten. Was wir bewahren, das heben wir für Bolschewismus und Verwüstung auf. Was wir in Liebe preisgeben, das gehört in jedem Fall Gott. Und wenn wir selbst ihm gehören, sind wir vielleicht doch noch imstande, die Mächte der Finsternis zu überwinden. Denn die Liebe ist stärker als der Tod!

Vom Rucksack zum Kapellenwagen

Viel hat uns geholfen, daß wir unsere Unterstützung Priestern oder durch *ihre* Hände den heimgesuchten Glaubensbrüdern zukommen ließen. Tausende von Briefen von Rucksackpriestern, die von hunderttausend Schulkindern und wenigstens einer halben Million Erwachsener gelesen wurden, gaben die Gewähr, daß ganz Flandern ihre bittere Not dauernd vor Augen hatte. Hier folgen einige Fragmente solcher Priesterbriefe aus jener dunklen Zeit:

„Bei einer evangelischen Familie bewohne ich zwei Mansardenzimmerchen von drei mal vier Metern. Das erste ist Küche, Sprechzimmer, Arbeitszimmer und Schlafzimmer zugleich. Im zweiten lese ich in der Woche die hl. Messe auf einem Bücherbrett. Ungefähr sechs Personen können dieser Messe beiwohnen. Wenn sie dicht beieinanderstehen, gehen auch zehn hinein. Sonntags zelebriere ich in der evangelischen Kirche. Aber in der Woche gestattet das der Pastor nicht . . ."

„Über fünfunddreißig evangelische Dörfer und Flecken zerstreut wohnen hier eintausendsiebenhundert heimatvertriebene Katholiken, deren Pfarrer ich seit zwei Jahren bin. Die Seelsorge ist hart, oft voll bitterer Enttäuschungen, aber auch voll ergreifender Priesterfreude. In sieben Schulen gebe ich hundertfünfzig katholischen Kindern Religionsunterricht. An drei zentral gelegenen Ortschaften zelebriere ich regelmäßig die hl. Messe und unterrichte dort auch die Jugend. Ich wohne bei einem evangelischen Bauer auf dem Dachboden, der zugleich als Kirche und Pfarrheim dient. Auf meinem Bett, drei Stühlen, einem Bänkchen, ein paar Kisten und Brettern kann ich vierunddreißig bis vierzig Kindern für den Katechismusunterricht Platz geben. An Wochentagen zelebriere ich hier. Im Anfang hielt ich auch abends Gesangprobe, denn wenn unsere Leute nicht singen können, leben sie nicht. Aber der Bauer hat's verboten. Jede Woche lege ich zweihundertfünfzehn Kilometer per Fahrrad zurück, oft in Regen und Schneeböen, auf Straßen oder Pfaden, die im Winter mit Eis oder Schneematsch, im Frühjahr mit Schlamm, im Sommer mit lockerem Sand bedeckt sind. Seit Weihnachten habe ich zweiunddreißig Pfund abgenommen. Na ja, wenn man Neunundfünfzig ist, darf man schon ein wenig abmagern."

„Uns umherstreifenden Seelsorgern fehlt eigentlich alles. Von den Ampullen für Wasser und Wein bis zum Ziborium, von der brauchbaren Fahrradpumpe bis zu einem sauberen Hemd, vom Schreibpapier bis zum Auto, das uns so gut zustatten käme. Und vor allem haben wir einen schmerzlichen Mangel an Möglichkeiten, unseren tiefgetroffenen Gläubigen auf materiellem Gebiet zu helfen. Ich will aber nicht klagen. Dem Mitbruder, der mein Nachbar ist, geht's noch viel schlechter. Er hat noch nicht einmal ein Rad und muß jede Woche wenigstens sechzig Kilometer marschieren. Dabei ist er schon dreiundsechzig Jahre alt und leidet an einer alten Beinverletzung aus dem Ersten Weltkrieg. Trotz allem halten wir durch."

„Im furchtbaren Elend, das über unserem armen Volk liegt, ist der Priester für die meisten das einzige Stück des alten Vaterlandes, das ihnen noch geblieben ist. Gott helfe mir, noch auszuhalten, und Er schicke uns bald Hilfe . . ."

„Nur einen eigenen geweihten Platz möchten wir haben, wo jeder, der es nicht mehr aushält, dem Heiland im Tabernakel seine Sorgen klagen kann. Doch auch dieser Trost ist uns nicht vergönnt. Ein Dachzimmer von neun Quadratmetern, wo ich meine Sachen untergebracht habe, wo ich wohne und schlafe, das Sprechzimmer und Pfarrhaus ist, dieses Zimmerchen ist zur gleichen Zeit die Kapelle, in der ich an einem selbstgezimmerten Tisch die hl. Messe feiere."

„Die Arbeit ist hier schwer, und jeder von uns ist bettelarm. Aber diese Armut hat uns frei gemacht, um uns völlig der Seelsorge unserer Leute zu geben. Wir wissen zwar, daß eine einzige hl. Messe die ganzen Reichtümer der Welt aufwiegt, aber dennoch weint unser Herz, weil wir zu arm sind, um irdisches Brot zu reichen, wenn hungernde Kinder darum bitten. Ein Glück, daß die Ostpriesterhilfe uns dann und wann etwas zum Verteilen besorgt."

Ohne derartige Briefe wäre es uns wahrscheinlich niemals gelungen, die Verleumdungen und den unglaublichen Widerstand gegen unser Werk zu überwinden. Gott sei Dank war das schlichte Volk noch christlich genug, um während der antideutschen Furie der ersten Nachkriegsjahre wenigstens die Ehrfurcht vor dem Priestertum zu bewahren, erst recht für ein solches Priestertum! Denn die Generation der Rucksackpriester, die jetzt leider den zweifelhaften Segnungen des Wirtschaftswunders fast ganz erlegen ist, war in der Tat ein mächtiges Phänomen im verwüsteten Deutschland.

Ich habe sie besucht, diese verwegenen Männer, die auf Motorrädern oder in prähistorischen Autos, auf brüchigen Fahrrädern oder zu Fuß durch ihre endlosen Bezirke zogen. Die meisten heimatvertriebenen Katholiken waren in Gebiete ohne katholische Kirchen oder Seelsorge umgesiedelt worden. Dort fand ich Flüchtlingspriester, die in achtzig, neunzig und mehr Ortschaften das geistliche Brot brechen mußten. Schäbige, bettelarme Pfarrer. Sie bewahrten das Allerheiligste auf ihren Mansardenzimmern in einer Zigarrenkiste oder in der Schublade auf. Von einem alten Wanderpokal machten sie ein Ziborium. Sie konnten nicht jedesmal davor niederknien, wenn sie bei jedem zweiten Schritt am „Tabernakel" vorbeimußten. Sie lasen die hl. Messe in Schulklassen, Scheunen, Tanzsälen und Wirtschaften; denn nicht an allen Orten konnte ihnen die evangelische Gemeinde eine Kirche zur Verfügung stellen. Vier oder fünf Messen an einem Sonntag waren keine Seltenheit. Sie arbeiteten bis zum völligen Zusammenbruch. Es war nicht schwer, Mitleid und Liebe für diese Priester zu wecken.

noch immer nicht völlig ausgerottet ist. Im vergangenen Jahrhundert haben die schlafenden Christen es geschehen lassen, daß das von ihnen verratene Patrimonium – die Soziallehre der Kirche –, von anderen aufgelesen und mit Gift vermischt, dem zertretenen Volk zu essen gegeben wurde. Als man sich darauf besann – „Rerum Novarum" kam mehr als 40 Jahre nach dem kommunistischen Manifest! –, war es zu spät. Jetzt ging es um einen anderen Wesenszug der Kirche, um ihre Katholizität, die in zwei Weltkriegen praktisch verleugnet und vergessen wurde. Der Schrei nach einer größeren Gemeinschaft, die über die Zerrissenheit von Staaten und Nationen hinausragt, wurde von Freimaurern und Sozialisten verstanden. Die Gefahr war nicht imaginär, daß wir den deutlichsten päpstlichen Dokumenten zum Trotz unsere Katholizität wieder vergessen, indem wir uns auf unser Völkchen, unser Ländchen, unser Bistümchen und unser Klösterchen totstarren, und die Zeichen der Vorsehung wieder nicht verstehen würden! Ohne Zweifel hat unsere Kapellenwagenmission die Katholizität der Kirche manifestiert und den Beweis geliefert, daß wir das haben, wonach sich die ganze Welt sehnt.

Man muß es erlebt haben, wie diese Kapellenwagen Jahr um Jahr von ihrer wilden Reise zurückkamen. Während die Motoren noch heiß waren und die Fahrer ihre Mammutkolosse für die Schlußparade aufputzten, sammelte sich die bunte Gesellschaft der Missionare im Konferenzsaal zu Königstein, um Eindrücke auszutauschen und einen Rückblick auf die sechsmonatige Apostolatstour zu werfen.

Dröhnend sind die Wagen vor einem halben Jahr über die Autobahnen und Bundesstraßen und über die jämmerlichen Schlängelwege der tiefsten Diaspora zu den Dörfern gefahren, wo eine verlassene Christenheit auf sie wartete. Ihre glorreichen Namen stehen mit goldenen Buchstaben auf den breiten Flanken geschrieben: Herr-Jesus-Wagen, Madonna-Wagen, Bonifatius-Wagen, Cyrener-Wagen, Hirten-Wagen,

Samariter-Wagen, Veronika-Wagen, Passionswagen und die vielen anderen, die den heiligen Aposteln und Glaubensverkündern geweiht sind. Welch ein gewaltiger Eindruck machte vor allem in den ersten Jahren die Sendungsfeier, die Musik der ratternden Motoren, das festliche Glockengeläut aus allen Lautsprechern, das donnernde „Gott, wir loben Dich“ aus tausend Kehlen, als diese Kolonne Gottes jubelnd zu den Feldern der geistlichen Eroberung ausrückte! Durch den Staub und Schlamm, durch Hitze und Regen und Wind sind sie aufgebrochen zur Front der Weltkirche, wohin die Bischöfe vieler Diözesen sie zu Hilfe gerufen hatten. Zwei Missionare und ein Küster-Chauffeur bemannen jede fahrende Kirche. Wenn möglich, wird jeder Wagen einer Ordensprovinz anvertraut, die für regelmäßige Ablösung der Missionare sorgt.

Vor mir liegt ein begeisterter Bericht aus dem Jahre 1953: „136 Kapellenwagenmissionare haben dieses Jahr in Wind und Wetter die Botschaft von Gottes Trost und Barmherzigkeit zu mehr als tausend Dörfern gebracht, in denen etwa 110 000 Katholiken von ihnen persönlich besucht worden sind. Mit Angst im Herzen stellten sie fest, daß die vielen Jahre ohne Kirche und Priester nicht spurlos an diesen Unglücklichen vorbeigegangen sind. Mehr als achttausend Mischehen haben sie gefunden, von denen fünftausend kirchlich ungültig waren. Aber mit Verbissenheit haben sie für Gottes Erbteil in diesen bedrohten Gebieten gekämpft. In beinahe siebentausend Predigten haben sie beschwörend vor diesem Volk gestanden, und beinahe 70 % jener, die nicht verhindert waren, haben sie im Beichtstuhl und auf der hölzernen Stufe des Altares die Gnade der Sakramente vermitteln können. Mit vollen Händen haben sie fast 250 Tonnen Liebesgaben verteilt, und sie haben bei diesen Armen erreicht, daß sie 35 000 Mark für die Ausbildung neuer Flüchtlingspriester opferten . . .“

Bis in die sechziger Jahre hinein ist die Kapellenwagenmission, die von den holländischen Katholiken finanziert wurde, eine Glorie der Ostpriesterhilfe geblieben. Auch wo die materielle Not in Deutschland inzwischen überwunden war, blieb die geistliche Not in Gegenden, in denen heimatvertriebene Katholiken immer mehr zu den Industriegebieten abwanderten und einen Rest zurückließen, der langsam ausstirbt, größer denn je. Für diesen Rest werden keine katholischen Kirchen mehr gebaut. Gottes Zigeuner, die unsere Kapellenwagen bemannten, waren oft die einzigen, die sich um sie kümmerten.

Textilien, weiße Kleidchen und Pralinen

Wir haben damals unseren Leuten eingehämmert, daß alle Völker eine Einheit bilden und daß wir für andere verantwortlich sind. Wir haben immer darauf hingewiesen, daß die Kirche auch die Flüchtlinge und Verfolgten in den Himmel bringen muß. Daß diese unglücklichen Christen unsere Brüder und Schwestern sind und daß Christus für sie gestorben ist. Sie waren aber in den dunklen Nachkriegsjahren die Parias der Christenheit, und die einzigen, die ihr Leid erleichtern konnten, die Rucksackpriester, waren zu Hunderten den Strapazen erlegen, weil wir allzulange gleichgültig geblieben sind. Die Worte dieser Priester fanden kein Echo, weil die beste Glaubensverkündung Schiffbruch erleidet, wenn das Wort nicht von Taten christlicher Caritas unterstrichen wird. Obwohl sich Westeuropa noch christlich nannte und behauptete, für die Rettung der christlichen Kultur in den Krieg gezogen zu sein, hat dasselbe Europa in den ersten Nachkriegsjahren die verjagten und verbannten Priester in

Deutschland wie Hunde sterben lassen. Vor diesem Hintergrund rief ich 1949 den Frauen und Müttern Flanderns zu: „Die Frontlinie des Gottesreiches läuft quer durch Deutschland. Wenn die Kirche dort über den Haufen geworfen wird, ist die Springflut der totalen geistlichen Vernichtung nicht mehr aufzuhalten. Wollen wir in Flandern und den anderen Restgebieten der Freiheit die Kirche retten, so müssen wir zu jedem Opfer bereit sein, um die Kirche in Deutschland zu retten. Wenn wir fortfahren, die heimatvertriebenen Priester ihrem Schicksal zu überlassen, kann den Millionen, die im schwarzen Elend versunken sind, das Evangelium nicht mehr gepredigt werden. Wir dürfen uns dann nicht wundern, wenn diese Millionen einmal gegen uns aufstehen und in wilder Wut unsere Kirchen niederreißen. Wir sind zur katholischen Einheit verpflichtet. Deshalb müssen wir mit Herz und Seele die Tröster und Helfer für jene werden, die Christus die Geringsten der Seinen genannt hat.
Frauen und Mütter von Flandern! Ihr seid nicht reich und schöpft nicht aus dem vollen. Groß aber war immer eure Opferbereitschaft, wenn die Kirche in Not war. Euer Geld und Gut, eure Söhne und Töchter habt ihr blindlings für das heilige Reich Gottes im eigenen Land und weit in der Ferne geopfert. Wird man jetzt von euch sagen, ihr hättet euch von der tiefsten Not im blutenden Herzen Europas gleichgültig abgekehrt? Nein, ihr werdet wieder zeigen, daß Flandern noch Christus gehört und die Liebe hier das höchste Gesetz ist. Ihr werdet uns die Möglichkeit bieten, mit vollen Händen nach Osten zu gehen. Die Ostpriesterhilfe hat begonnen. Die christliche Nächstenliebe stürmte bereits die Barrikaden, die Haß und Mißverständnisse zwischen den Völkern aufgerichtet haben. Die geistige Blockade der deutschen Christenheit wurde schon gebrochen. Überall in Flandern sind die Kinder aufgestanden, zuerst die Priester und dann ihre Herde zu retten. Das Schwache und Unansehnliche hat Gott erwählt, um das Starke zu beschämen. Auch die Frauen werden jetzt

aufgerufen, an diesem Kreuzzug der Nächstenliebe teilzunehmen. Die Ostpriesterhilfe rechnet auf euch und eure Kleiderschränke!«

Wie werden wir den schlichten und namenlosen Frauen unseres Volkes für die barmherzige Liebe danken können, die sie nach diesem Aufruf den deutschen Priestern und Katholiken erwiesen haben? Hier ein Beispiel aus Hunderten: Eine Frau hatte ihren Mann in einem deutschen KZ verloren. Die Bezirksleiterin des Frauenvereins glaubte, auf ihrer Runde für die Textiliensammlung taktvoll zu handeln, wenn sie an der Tür dieser schwergeprüften Witwe vorbeiging. Aber die Liebe wirkt Wunder. Die Witwe kam selbst zur Bezirksleiterin, um ihr – einer Reliquie gleich – den letzten Anzug ihres verstorbenen Mannes zu bringen.

Die Textilschlacht von 1949 wurde eine Überrumpelung. Zuerst kam die Post, Berge von Briefen und Karten. Und auf jeder Karte einige Zeilen aus dem Heldengesang der Nächstenliebe, eine Anthologie von kurzen und langen Berichten, in denen man stundenlang – vor allem zwischen den Zeilen – lesen konnte von der Opferbereitschaft und dem Erbarmen derjenigen, die einfachen Herzens sind. Eine Lesung, die still machte vor Ergriffenheit.

Nachher kamen die endlosen Streifzüge mit geliehenen Lastwagen an den zahlreichen Pfarreien und Sammelzentralen vorbei, wo die Gruppen des Frauenvereins ihre Beute gestapelt hatten. Tagelange Fahrten über alle Straßen Flanderns! Triumphierendes Heimkehren, als die hochbeladenen Laster in unsere Magazine einfuhren.

Dann kam das Sortieren. Es ging schneller, als wir vermutet hatten, weil in den meisten Orten viele Frauen ihre freien Nachmittags- und Abendstunden opferten, um uns diese Arbeit abzunehmen. Und mit dem Sortieren kam das frohe Staunen über die außerordentliche Qualität der eingesammelten Güter. Hier spürte man das Mutterherz der Wohltäterinnen, die wahrlich das Beste gaben, was sie hatten. Dann das Pressen und Verpacken in große Ballen. Und schließlich, wenigstens 15 Tonnen auf einmal, der Transport nach Deutschland. In langen Lastwagenkolonnen trafen Hunderte von Tonnen Textilien in Königstein ein, die nach den vorliegenden Bedarfsmeldungen an die Rucksackpriester weitergeschickt wurden. Aus den enormen Vorräten empfingen sie nach Maß genau das, was sie für sich selbst und für die Bedürftigsten ihrer Pfarrkinder brauchten. Nach drei oder vier Jahren eines verzweifelten Apostolats in Wüsten der Misere hat sie das katholische Flandern in die Lage versetzt, ihre heldenhafte Glaubensverkündigung endlich mit den spürbaren Gaben der christlichen Liebe zu unterstreichen. Endlich verfügten sie über Kleider und Schuhe, um die schlimmste Not zu lindern. Endlich erbrachten sie in ihren helfenden Händen die Beweise, daß sich die große Weltkirche voll Liebe und Mitleid über alle zerschlagenen und verworfenen Menschen hinneigt, auch wenn es sich um Deutsche handelt.

Der Aufruf der Ostpriesterhilfe ergriff die Herzen der einfachen Menschen. Bis hinter den Eisernen Vorhang durchbrach flämische Gutherzigkeit siegreich die Grenzen. Mit den Hilfskolonnen der Ostpriesterhilfe marschierten die Versöhnung und Liebe über alle Straßen Deutschlands bis in die Keller und Elendsquartiere, wo dem Herrn Jesus Christus in den Geringsten der Seinen wohlgetan und geholfen werden sollte. Und sofort strömte die Dankbarkeit zum Westen zurück. Die ersten Briefe, die in Tongerlo eintrafen, waren wie der Anfang eines Freudengesanges, der in immer mächtiger werdenden Akkorden dahinbrauste über die Städte und Dörfer und die schlichten Häuschen dieses kleinen Landes; eines Landes, das im Laufe der Jahrhunderte selbst viel gelitten hat; aber eines Landes, wo die Herzen warm und mild geblieben sind, eines Landes, das man lieben muß.

Dieses flämische Land war selbstverständlich nicht imstande, das Dekret von Potsdam mit seinen Folgen von Unrecht und Gram ungeschehen zu machen, aber die wache Liebe dieses guten Volkes schaffte es wenigstens, dreitausend Rucksackpriester am Leben zu erhalten, sie zu unterstützen und ihnen so zu helfen, daß sie ihrerseits wieder anderen beistehen konnten, daß sie ein wenig Freude in tränengefüllte Augen zaubern konnten. Ja, dieses Volk hatte die Kraft, Hoffnung und Optimismus in unzählige Herzen zu säen, die vielleicht den Glauben an Christus verloren hätten, wenn es keine flämischen Samariterhände gegeben hätte, um ihre Wunden zu verbinden.

* * *

Die Liebe darf weder Maß noch Grenzen kennen. Sie ist nicht nur darum besorgt, den Brüdern in Not das Allernotwendigste zu beschaffen, sondern nach dem Beispiel des himmlischen Vaters ist sie auch bereit, alles „Übrige“ hinzu zu geben. Deshalb haben wir nicht gezögert, JA zu sagen, als uns aus vielen Orten der Flüchtlingsgebiete Deutschlands und Österreichs immer dringendere Bitten um weiße Kleidchen für Kinder erreichten, die unter so trüben Umständen ihre Erste Hl. Kommunion feiern mußten.

Daheim, in den weißgoldenen Barockkirchen des Sudetenlandes und Schlesiens, waren sie an stolze Schönheit und Pracht gewöhnt. Und jetzt mußten sie diesen herrlichen Festtag in verschlissenen Lumpen begehen. War es zu verantworten, daß diese Kinder, die noch niemals eine richtige Kirche, einen Tabernakel oder einen Beichtstuhl gesehen hatten, in ihrer ganzen Jugend gar nichts von der Herrlichkeit unserer Religion kennenlernen würden? War es nicht eine psychologische Notwendigkeit, die Minderwertigkeitskomplexe besitzloser katholischer Flüchtlingskinder unter wohlhabenden Protestanten zu bekämpfen? War es für ihre religiöse Zukunft nicht wünschenswert, daß sie aus ihren Kinderjahren wenigstens *eine* schöne Erinnerung mitnehmen könnten,

eine weiße Freude, an der sie sich später festklammern konnten? Sicher, es ging hier um Äußerlichkeiten. Aber solche Äußerlichkeiten sind nun einmal unentbehrlich im Erziehungsprozeß von Kindern, deren Geist abstrakte Wahrheiten und intellektuelle Beweisführungen noch nicht fassen kann. Deshalb hielt es die Ostpriesterhilfe für erforderlich, der verjagten Christenheit nicht bloß das unbedingt Notwendige, sondern auch etwas vom Überflüssigen zu geben.
Tausende katholischer Mütter in den deutschen Flüchtlingsgebieten hatten das letzte Stückchen weißen Stoff zerschnitten, um das kleine Brautkleid daraus zu machen. Ein Rucksackpriester schrieb uns, daß er sich in Gottes Namen von seinen Gardinen getrennt hatte, um an diesem hohen Festtag zwei Waisenkinder so weiß zu machen, wie Gott sie gerne sieht. Nach diesem Brief haben wir für die kleinen Bräute des lieben Gottes um weiße Kleidchen aufgerufen:
„Schau mal nach, ob es nicht irgendwo im Haus noch ein weißes Kleidchen gibt, das hierfür dienen kann. Lege es in die dankbaren Hände einer schwergeprüften Mutter, die, genau wie du, bei der Ersten Kommunion ihres Mädchens an jenen weißen Horizont zurückdenkt, den ihr Leben einmal hatte. Väter und Mütter, vielleicht geht bei euch dieses Jahr kein Mädchen zur Erst-Kommunion. Aber vielleicht findet ihr im Schrank ein Kommunionkleid, auf das eine kleine Braut in Deutschland wartet."
Sowohl in Holland als auch in Belgien war die Reaktion überraschend. Zehntausende Kommunionkleidchen wurden großzügig eingeschickt. Bei einem davon fanden wir dieses Briefchen:
„In dieser Schachtel liegt das Erst-Kommunionkleidchen von Hadewych, dem achten aus einer Reihe von zwölf Kindern. Sie gibt es gern her für ein Kommunionkind in einer verjagten Familie. Dafür verzichtet sie auf ihren Platz als Engelchen in der Pfarrprozession. Für die kleine Hadewych, ihr Vater."

Wenige Wochen später zogen seit vierhundert Jahren zum erstenmal wieder weiße Kommunion- und Sakramentsprozessionen durch die reformierten Länder, und irgendwo in Hessen weinte eine abgehärmte Mutter Freudentränen, als ihre Edeltraut im Kleidchen von Hadewych strahlend zur Kommunionbank schritt.

* * *

Und laß mich noch einmal an unsere „Süße Aktion“ erinnern. Es begann in der Fastenzeit. Anneke, Rob, Godelieve und viele andere Jungen und Mädchen hatten still der Erzählung über die Kinder in den Lagern und hinter dem Eisernen Vorhang zugehört. Die Jungen runzelten ihre Stirn, und bei den Höhepunkten der Geschichte raunte ein mitleidsvoller Seufzer durch die Mädchenklassen. Und irgendwo in Flandern rollten zwei dicke Tränen aus den hellblauen Augen von Marijke, als die Schwester mit leiser Stimme von der kleinen Hedwig erzählte ... Hedwig, dem Flüchtlingskind, das vom Speckpater ein Heiligenbildchen bekommen hatte. Und der Pater hatte gesagt, Hedwig solle dieses Bildchen zu Hause an die Wand hängen. Und Hedwig hatte geantwortet: „Wir haben keine Wand.“
Ja, solche Dinge hatten die Lehrer und Lehrerinnen den Kindern erzählt. Und die flachsblonden und dunkelhaarigen Köpfchen nickten zustimmend, als gefragt wurde, wer während der Fastenzeit ein kleines Opfer für diese unglücklichen Kinder bringen wolle. So begann die „Süße Aktion“ der Ostpriesterhilfe: sieben Wochen Fasten im Dienst der Armen.
Glaube nicht, daß das leicht war! Mit wieviel Liebe wurden die feinsten Leckereien vom Mund abgespart! Wieviel Edelmut, Selbstüberwindung und kindliches Heldentum waren notwendig, um sechzigtausend Kilo Karamellen, Schokolade, Pralinen, Konfekt, Fruchtbonbons, Pfefferminzblättchen, Nougat, Drops und andere Herrlichkeiten zu Bergen

von Süßigkeiten aufzustapeln. Mit welch wechselndem Kriegsglück wurde die große Schlacht geschlagen, um das Stückchen Pralinenschokolade zu spenden, von dem kleine Kinderzähne drei Eckchen abgebissen hatten, bevor der dennoch ansehnliche Rest mit wiedergewonnener Opferbereitschaft in der Spardose geborgen wurde.
Und wie kostbar in Gottes Augen müssen die Tränen des kleinen Mädchens gewesen sein, das ihr allergrößtes Osterei für ein Flüchtlingskind schluchzend zur Schwester brachte.
Während der Osterferien summte es in Klöstern und Schulen und im Pavillon zu Tongerlo von Freiwilligen, die mit flinken Fingern und unerschöpflicher Geduld die Leckereien sortierten, abwogen, verpackten und mit freundlichen Grüßen, farbigen Bändchen und Kinderanschriften versahen.
Dann brausten die schweren Laster der Ostpriesterhilfe wochenlang kreuz und quer durch Europa zu den zentralen Versandmagazinen, zu Flüchtlingslagern, Kasernen, zerfallenen Burgen und grauen Baracken, wo Kinder aus allen Ländern des Ostens ihre freudlose Jugend und die Qualen der Hölle erlebten.
Und wieder einen Monat später lag auf meinem Tisch eine der zahlreichen Antworten, ein Brief aus der Wrangel-Kaserne in Rendsburg, wo in den kahlen Soldatenzimmern das beinahe tierische Leben Hunderter Erwachsener von 153 kleinen Kindern geteilt wird. Ihre Namen stehen auf einer langen Liste, die an den Dankbrief geheftet ist. 153 Kinder, von denen ich nicht beschreiben darf, was sie jede Nacht in der Wrangel-Kaserne mit ansehen müssen, aber von denen Christus mit drohender Stimme gesagt hat: „Wer einem dieser Kleinen Ärgernis gibt, es wäre besser, daß er mit einem Mühlstein am Hals in die Tiefe des Meeres versenkt würde . . .“ Hier stehen ihre fremdartigen Namen auf Papier: Viola Zalkovski, Marita Hazala, Nina Poroch, Lyla und Tereza Styrcz, Helle, Kalwe und Sulew Ots, Stoja Peskyte, Ute,

Lothar, Marion und Traute Mischke, Merija, Erika, Rolf, Werner und Helga Kühl ... Sie stehen auf der langen Liste der Verwaltungsstelle in Rendsburg, wie sie bei Gott im Buch des Lebens stehen. Der Verwaltungsbeamte hat sorgfältig hinter jedem Namen vermerkt, wie viele Päckchen Süßigkeiten Karin, Hannelore, Tatjana oder Mychailo bekommen haben. Aber Gott hat dahinter vermerkt, wie viele Mühlsteine nötig sind, um die ermordeten Seelen von Anita, Indra, Borys und Harald zu rächen. Der Beamte von Rendsburg schrieb einen Dankbrief für die kleine Freude, die Ilze, Dace und Zane bereitet wurde. Aber Gott wird uns verfluchen, wenn wir das Opfer unserer eigenen Kinder mißbrauchen, um das eigene Gewissen zu beruhigen. Denn mit diesem Fastenopfer der Kinder begann eine Kettenreaktion, die wir nicht straflos zum Stillstand bringen dürfen. Seht hier die Glieder dieser Kette: Godelieve, Anneke und Rob haben das Ihre getan, um Waltraud, Helga, Siegrun und Lorelies in der Hölle der Wrangel-Kaserne zu Hilfe zu kommen. Sie weckten einen Schimmer der Freude in den frühwissenden Augen des Klaus Grochowina. Und die Freude von 153 osteuropäischen Flüchtlingskindern erregte ein menschliches Gefühl der Dankbarkeit in einem Beamtenherzen in einer staubigen Verwaltungsstube. Und diese Dankbarkeit inspirierte den Brief mit den 153 Kindernamen. Den Brief, den Gott dir und mir mitten ins bestürzte Gewissen wirft.
Wie wird es jetzt weitergehen? Denn dieser Brief wartet auf eine Antwort. Nicht auf eine Antwort unserer Kinder, sondern auf eine Tat von uns. Laßt die Kinder ihre Naschereien opfern, wir müssen mehr tun. Wir müssen unsere Herzen öffnen und einander die Hand reichen, fieberhaft arbeiten, leidenschaftlich beten, selbstlos lieben und ruhelos suchen nach Mitteln und Wegen, um die Not zu lindern und die Probleme zu lösen. Nur dann, wenn wir alles getan haben, wozu wir unter Anstrengung unserer letzten Kräfte fähig sind, wird Gott selbst eingreifen und die gequälte Welt vom Übel be-

freien. Denn nach dem Maß unserer Barmherzigkeit wird sich der Herr uns barmherzig zeigen; wird Er die Trümmer, die von Menschen verursacht wurden, wiederaufbauen und für Godelieve, Tatjana, Rob und Karin, für alle Kinder dieser Erde die Zukunft wieder lebenswert und sonnig machen.

Ein Fahrzeug für Gott

In den ersten Jahren der Ostpriesterhilfe, als der Schwerpunkt unserer Aktion noch bei den heimatvertriebenen Deutschen lag, haben wir nicht nur Kapellenwagen gebaut, sondern uns noch mehr angestrengt, die Kräfte der Rucksackpriester durch Motorisierung zu vervielfältigen. Es war Ende 1950. Innerhalb einer Woche starben in Deutschland drei Rucksackpriester. Der erste war 39 Jahre alt. An einem Sonntagabend, nach seiner sechsten hl. Messe, brauste er mit seinem Motorrad gegen einen Baum. Er war so erschöpft, daß er seine Augen nicht mehr aufhalten konnte. Er war sofort tot. Der zweite war 41 Jahre alt. Er betreute zu Fuß 32 Dörfer. Herzinfarkt. Der dritte war 47 Jahre alt. Drei in einer Woche.
Am Tage nach dieser Hiobsbotschaft war ich in Bremen und besuchte dort einen Rucksackpriester. Er betreute 57 Dörfer und hatte nur ein Fahrrad. Nach drei Jahren war seine Gesundheit ruiniert. Eines Abends, während seiner fünften Messe und nach 30 km Fahrt durch den Regen, war er am Altar zusammengebrochen. Man hatte ihn nach Bremen ins Krankenhaus gebracht. Dort lag er, als ich ihn besuchte. Der Arzt hatte mir zuvor gesagt, er habe noch höchstens zwei Monate zu leben. Er war tapfer und lächelte. Aber auf einmal hatte er Tränen in den Augen, als er mir sagte:
„Herr Pater, wissen Sie, was das schlimmste ist? Wenn ich

die Bilanz dieser drei Jahre ziehe, in denen ich mein junges Leben geopfert habe, dann sehe ich, daß während dieser drei Jahre 80% meiner Katholiken ohne Sakramente gestorben sind. Nicht, weil sie nicht wollten. Sie sehnten sich danach. Aber weil ich nur *einen* Leib und *ein* Fahrrad hatte ..."
Ich bin schnurstracks nach Tongerlo zurückgefahren und habe meinen inzwischen verstorbenen Freund Albert Kuyle gebeten, eine Aktion zu entwerfen, um wenigstens hundert Priestern einen Volkswagen zu beschaffen. Die ganze Presse und vor allem die männlichen Jugendorganisationen sollten dafür mobil gemacht werden. Es wurde eine der bestgelungenen Aktionen der Ostpriesterhilfe, die während der ersten zwei Monate 120 Volkswagen erbrachte.
Später wurde das Unternehmen weitergeführt, zugunsten der nichtdeutschen Flüchtlingspriester und der verfolgten Kirche hinter dem Eisernen Vorhang. Seitdem hat unser Werk der Kirche in Not viele Tausende Autos und Motorräder zur Verfügung gestellt. Aber unvergessen für alle, die dabei waren, bleibt der Anfang dieser Aktion und der erste triumphale Erfolg.

Der alte Vercammen saß hinter dem Lenkrad. Zum soundsovielten Male raste er für die Ostpriesterhilfe über die Autobahn. In dem Chevrolet saßen Kanonikus Dubois, ein Pfarrer aus Belgien und ich. Es war Montag, 3. März. Gestern fuhr ein kleiner VW aus Roeselare uns voran. Diese Nacht werden uns noch vier unternehmungslustige Vertreter der KSA[1] Westflandern folgen.
Köln, Düsseldorf, Dortmund, Bielefeld, Hannover. Gleichmütig fährt Vercammen an den blauen Ausfahrtsschildern vorbei. Die Nadel des Tachometers schwingt zwischen 105 und 120. Der Chevrolet brummt wie ein zufriedenes Tier. Die Autobahn liegt wie ein silbernes, festgespanntes Band

1 KSA – Katholische Studenten-Aktion

auf dem Frühjahrsland, macht einen leichten Bogen an den tönenden Fabriken des Ruhrgebietes vorbei und schlängelt sich verspielt durch den Teutoburger Wald und das Weserbergland. Die Reise geht nach Hildesheim, wo morgen die ersten dreißig Fahrzeuge für Gott, gespendet von der KSA und dem guten Volk Westflanderns, geweiht und verteilt werden.
Abends in Hildesheim. Das verwüstete Herz eines Bistums, das größer ist als ganz Belgien. Am 22. März 1945 wurde die alte Stadt in Trümmer gelegt. Aber inmitten der Ruine blüht aufs neue der berühmte Tausendjährige Rosenstrauch, ungebrochen wie Mut und Arbeitskraft von Bischof und Priestern. Glockengeläute ruft die Gläubigen in die St.-Godehardi-Kirche zur Abendandacht mit meiner Predigt über das Epos von Flanderns Nächstenliebe. Dann das Erlebnis einer singenden Kirche, wie man das nur in Deutschland kennt, und im Kirchenportal meine Kollekte mit dem Millionenhut.
4. März. Um acht Uhr früh hält ein graubestaubtes Auto vor dem Caritashaus. Vier müde, lachende Kerls in der blauen Uniform der KSA steigen aus. Mit verbissenem Eigensinn haben sie gestern zweimal Belgien durchquert, um ihre Pässe und Sichtvermerke in Ordnung zu kriegen. Wie die Verrückten sind sie die ganze Nacht durchgefahren, um dabeizusein. Wilde Jugend unseres Landes. Dies ist der Stil Westflanderns ... und der Ostpriesterhilfe. Kanonikus Dubois hat ein zufriedenes Lächeln für seine Männer.
Pontifikalamt. Zweitausend Menschen drängen sich zwischen den Pfeilern. Kräftige deutsche Lieder hallen im Gewölbe. Festliche Musik. Purpurne Domkapitulare, violette Kanoniker, funkelnde Brustkreuze, und dazwischen unser eigener Kanonikus aus dem fernen Roeselare in einer geliehenen Soutane. Meine Predigt über das Fahrzeug für Gott und wie es den Zeitungen und der Jugend Flanderns zu verdanken ist, daß die Fronttruppe der Weltkirche mit 120 Autos motorisiert werden kann. Ich bitte um ein Gebet für

meinen Freund Albert Kuyle, den fähigen Propagandachef der Ostpriesterhilfe, der diese Aktion für mich entworfen und geführt hat und der jetzt in Holland krank liegt. Ich danke jedem, und vor allem Prälat Kindermann, der mir die Not gezeigt und dadurch mich selbst und ganz Westeuropa zu einem liebevolleren und sozialeren Christentum angeregt hat.

Und dann die Weihe. Singend zieht die Menge aus der Kirche. In einem großen Quadrat stehen dort Gottes Fahrzeuge. Geschmückt mit Kränzen aus Tannengrün und weißen Blumen und bunten Fahnen. Vorne auf der Haube das Signet mit dem Randtext „Ostpriesterhilfe Flandern". Im Wageninnern eine herzförmige Plakette mit Jahreszahl und dem Namen des Spenders. Dreißig grüne, glänzende Wagen. Eine Brigade der Nächstenliebe. Und dreißig seelenfrohe Priester. Alte und müde und auch ein paar jüngere Soldaten Gottes. Und fünf junge Kerls in blauer Uniform. Und ein paar Mädchen aus Flandern, die sich Tag um Tag in der Verborgenheit für diese Priester abquälen. Und hier in Niedersachsen dieser gerührte Kanonikus mit seinem steifen Bein, das im Oktober 1918 von einem sächsischen Regiment durchschossen worden war. Sieg der christlichen Nächstenliebe. Die Grenzen fallen. Zuerst in der Kirche, dann zwischen den Staaten. Ich bekomme mitunter Angst, weil ich in der Ostpriesterhilfe so viele schöne Tage erleben darf. Und der alte Vercammen, der gute Kerl, glimmend von flämischem Stolz, der mit Kennermiene die Wagen prüft. Segnend geht der Bischof an den Fahrzeugen entlang. Der Rauchmantel und die goldene Mitra blitzen in der Sonne. Tausende drängen sich auf dem Platz und in den Trümmern. Feierlich und breit wallt das Lied „Ein Haus voll Glorie" über die alte Stadt. Und dann spricht unser Kanonikus: zuerst auf deutsch und dann auf flämisch. Die Leute verstehen ihn, denn Flämisch ist von ihrem Dialekt nicht sehr verschieden ... und die Sprache des Herzens wird von allen verstanden. Es ist rührend. Dieser alte, weise Dubois, der die flämische Jugend zu einer Jugend gehämmert hat, die träumen, kämpfen und lieben kann. Dieser flämische Priester, der zu den verjagten Priestern spricht und der so froh und ergriffen ist, weil seine Jungen und sein Volk diese dreißig Wagen für die Helden der Diaspora aus dem Boden gestampft haben. Jetzt müssen auch die blauen KSA-Männer nach oben kommen. Nach ihrer Nachtfahrt standen sie bescheiden zwischen der Menge. Wir forden sie auf das Podium herauf. Da stehen sie, blau und blond, vor dem Mikrofon. Leo Vanackere muß dran glauben. Eine Stimme wie eine Glocke. Deutsch mit Fehlern, aber tief aus dem Herzen. Das Volk jubelt ihm zu und ehrt in ihm die stämmige Jugend unseres Landes.

Die straffe Organisation der Feierlichkeit versagt. Auf einmal werden Lieder gesungen, die gar nicht auf dem Programm stehen. Am Mikrofon tönen Stimmen, die nicht angekündigt waren. Der spontane Geist Flanderns siegt über die deutsche Disziplin. Und die Deutschen finden es wunderbar! Ein Mädchen bringt rote Tulpen. Ein lebensgroßer preußischer Domkapitular vergißt seine Würde, steht da wie ein normaler Mensch und wischt seine Tränen ab.

Die Priester, die einen Wagen empfangen, werden aufgerufen. Priester aus der Diaspora der vier norddeutschen Diözesen Hildesheim, Osnabrück, Münster und Paderborn. Priester, die anderthalb Tage gereist sind, um nach hier zu kommen. Priester mit fremden Namen: Pfarrer Kalabis, Paul Krafczyk, Kurt Novak, Peter Slawik, Hugo Jendrzejzyck, Otto Jarits, Karl Szmanda und viele andere. Sie kommen ja von so weit aus dem Osten. Aus Gebieten, wo tausend Jahre lang Deutsche und Slawen zusammenwohnten, einander mitunter bekämpften, aber vor allem einander bereicherten ... bis ein Amerikaner und ein Brite mit Stalin gemeinsame Sache machten und in Potsdam durch drei Federstriche 16 Millionen Menschen enteigneten und verjagten. Unter ihnen waren auch diese dreißig Priester, die jetzt von zwanzig, dreißig, fünfzig und mehr Dörfern die geistlichen Hirten sind. Lachend und weinend besteigen sie die Tribüne und erfahren, wer im fernen Flandern ihre Wohltäter sind. Und so klingt eine zweite Namenreihe über die Häupter: Brügge, Nieuwpoort, Poperinge, Bavikhove, Kortrijk, Waregem, Izegem, Ieper und viele andere Namen, die noch aus dem Ersten Weltkrieg bekannt sind und vielleicht deswegen diese Deutschen so tief ergreifen. Zweimal dreißig Namen. Der Appell der Not und die Parade der Liebe. Wie weltweit ist das Herz der Kirche.

Und dann der Dank. Von einem Rucksackpriester. Von Prälat Kindermann. Vom Bischof. Und dann das von Tausenden gesungene „Großer Gott, wie loben Dich“. Die Fotos. Der Kaffeetisch, wo so viel erzählt und gesprochen wurde, daß keine Zeit blieb, etwas zu essen. Das prächtig vergoldete Bernward-Kreuz, das der Bischof mir schenkte, und die alte Abtei bei Bremen, die mir für eine Prämonstratenser-Gründung in der Diaspora angeboten wurde. Fünf blonde KSA-Männer, die der Kanonikus ins Bett schickt. Das zufriedene Brummen des Chevrolets, eine Frau, die noch eine Handvoll Schneeglöckchen in den Wagen wirft, und der alte Vercammen, der glimmend vor Vergnügen und Zufriedenheit am Lenkrad sitzt. Die Nadel des Tachometers schwingt zwischen 105 und 120. In der Dämmerung rast Flandern wieder nach Hause.

So endete die erste Etappe der Aktion „Ein Fahrzeug für Gott“. Einen Monat später wurden in Königstein siebzig Wagen verteilt. Später abermals dreißig. Und auch jetzt noch vergeht keine Woche, in der nicht die Ostpriesterhilfe einen ermüdeten Flüchtlingsseelsorger in Australien, Skandinavien, Frankreich, Belgien, Deutschland, England, Spanien, Italien, Österreich oder Südamerika mit einem Auto erfreut, ohne das er seine Aufgabe unmöglich erfüllen kann. Und bis weit hinter den Eisernen Vorhang fahren Bischöfe und Priester ein Fahrzeug für Gott, das sie der Ostpriesterhilfe verdanken.

Korn für Kirchen

Hier folgen die tragischen und wundersamen Erlebnisse des Pfarrers Luschka in B.:
12. Juni 1949. Dreifaltigkeitssonntag und Jugendkundgebung. Pfarrer Luschka hat für den Gottesdienst nichts zur Verfügung als einen Gastwirtschaftsraum, für den er die hohe Miete von 50 Mark zahlen muß. Dennoch möchte er gern für diese Feier etwas Besonderes in seiner schäbigen „Kirche" haben. Von einem amerikanischen Militärpfarrer hatte er eine Spende bekommen. Er kennt die gute Gesinnung des fremden Priesters seiner zerlumpten Herde gegenüber. Aber er sieht auch die wohlgenährte Gestalt mit der unerläßlichen Lucky Strike, und er weiß, „dieser Mann ist sich nicht klar über die Tragweite unseres Elends".
Darum lädt er ihn ein, bei der Abendfeier zu assistieren. Der Militärpfarrer akzeptiert. Zur verabredeten Stunde rattert der Jeep unterm Fenster des Pfarrers. Beide Priester gehen zur Wirtschaft. Der eine mit dem Allerheiligsten, das er aus seinem Kleiderschrank genommen hat, der andere schweigend und barhäuptig neben ihm. Von fern hören sie das Geschwirr vieler Stimmen. Warum gehen die Leute nicht hinein? Ist vielleicht der Saal noch nicht in Ordnung? Da stehen seine Pfarrkinder, aus drei Dörfern zusammengetrommelt, vierhundert erhitzte und niedergeschlagene Menschen. In der Masse wird ein protestierendes Gemurmel laut, als sie ihren Pfarrer kommen sehen. „Er will nicht! Wir dürfen nicht

hinein!“ Seine Hand klammert sich fester um die Pyxis mit dem Allerheiligsten. Eine kalte Mutlosigkeit kriecht in ihm hoch: Hier wird Gott vor die Tür gesetzt. Dämmerhaft spürt er, wie der Amerikaner neben ihm in ungläubigem Staunen erstarrt. Luschka sieht seine Leute, die Unruhe, die Empörung, die geschlossene Tür. Aber er spürt auch Gott auf seiner Brust. Seine Hand winkt die zögernde Menge zusammen, und er hört sich sagen: „Wartet, es kommt alles in Ordnung!“

Er stößt die Tür auf. Sein Herz poltert: „Jesus, hilf mir!“ Und dann schaut er in das schamlose Gesicht des Wirts, der ihm den zugesagten Raum verweigern will. Der Kerl steht gleichgültig hinter seiner Theke und wischt Bierlachen weg. Pfarrer Luschka versucht, ihn mit freundlichen Worten zu überzeugen. Er appelliert an sein Ehrgefühl. Er plädiert mit Leidenschaft für den allmächtigen Gott. Fünf Minuten, zehn Minuten, eine Viertelstunde, es scheint eine Ewigkeit. Der Amerikaner steht inzwischen an der Tür, und von draußen dringen böse Rufe und halbe Drohungen herein. Endlich gibt der Besitzer nach und öffnet mit Widerwillen den Saal.

Pfarrer Luschka zittert an allen Gliedern. Der joviale Amerikaner versteht seine Situation und übernimmt die Leitung. Seine schwere Stimme bringt trotz allem noch etwas Weihe in das überfüllte Lokal. Aber neben dem improvisierten Altar kniet Pfarrer Luschka mit dem Haupt in den Händen. Aus der Tiefe seines gedemütigten Priesterherzens stöhnt er ein wortloses Gebet.

Im September schließt der Wirt endgültig seine Tür für die Katholiken. Er bringt so unzählig viele Gründe vor, daß man deutlich spürt, er hat keinen einzigen. Dann findet Gott einen neuen Unterschlupf: die Turn- und Tanzhalle des örtlichen Sportvereins.

So wird es Silvesterabend. Die katholische Gemeinde von B. ist in guter Verfassung zusammengekommen, um noch einmal Gottes Segen zu erbitten, bevor das neue Jahr beginnt. Der Pfarrer spricht zu ihnen. Er ist mit ihnen verbunden im großen Flüchtlingsleid. Und diese Zusammengehörigkeit ist Trost und Balsam für ihre Wunden. Aber kaum haben die letzten Pfarrkinder das Lokal verlassen, als Pfarrer Luschka mit Küster und Ministranten Hals über Kopf aufräumen müssen: diese Nacht wird hier von den Einheimischen getanzt. Neujahrsmorgen: Um fünf Uhr sind Pfarrer und Küster wieder zur Stelle. Es ist eine widerliche Aufgabe, die letzten schwankenden Gestalten hinauszulotsen. Sie lallen törichte Worte und wollen den Priester und seine Helfer umarmen. Nach diesen Szenen werden die Fenster aufgerissen, damit die kalte Morgenluft wenigstens den Gestank von Zigaretten und Bier vertreibt, bevor Gott wieder einkehrt. Beide Männer scheuern den Boden und können den Schmutz der nächtlichen Orgie nur mühsam entfernen. Als sie damit anfangen, den Altar wieder aufzubauen, bricht es aus dem Küster in einem Anfall mutloser Bitterkeit hervor: „Ein Schweinestall ist das hier! Da hat man nun tagelang gearbeitet, um ein bißchen Altarleinen und ein paar Kerzen zu bekommen, und nun haben wir doch nur ein Loch, in dem die ganze Nacht weiß Gott was geschehen ist. Schmeißt doch alles hin, Herr Pfarrer, das ist kein Arbeiten mehr. Was hat Gott davon, wenn wir Ihm nichts Besseres zu bieten haben?" Er hält jäh inne vor dem weißen Gesicht mit den müden Augen. Pfarrer Luschka schweigt. Das ist noch der heftigste Schmerz, daß seine kläglichen Unternehmungen nicht einmal mehr von seinen eigenen Leuten geschätzt werden, die doch wissen, was es ihn gekostet hat, wenigstens dieses noch zu erreichen. Es scheint ihm fast eine Gotteslästerung, hier noch zu zelebrieren. Selbst am Altar kann er seine Gedanken nicht mehr zusammenhalten, immer wieder hört er die nervenquälende Jazzmusik und die hoffnungslosen Worte seines Küsters.

Das neue Jahr geht in Sorge und Kummer vorbei. Das Heilige Jahr 1950, Jahr der großen Erwartungen und der großen

Enttäuschungen für die Katholiken von B. Ein Jahr übermenschlicher Ausdauer. Wieder wird es Weihnachten. Pfarrer Luschka wünscht als Schluß dieses harten Heiligen Jahres für seine Leute eine schöne Mitternachtsmesse. Auch wenn es noch immer im Tanzsaal sein sollte. Sie haben das ganze Jahr gearbeitet und geopfert für ihre neue Kirche, und solange diese nicht gebaut ist – er wagt nicht, ihnen zu sagen, wie unzureichend die Mittel sind –, muß er sein Möglichstes tun, um ihnen den Mangel noch einigermaßen zu vergüten. Mit einigen treuen Helfern hat er den Weihnachtsaltar gebaut, und zwischen ein paar Tannenbäumchen streckt das Friedenskind seine Ärmchen über B. aus. Das Ganze bietet einen schönen, vertrauten Anblick. Die Pfarrkinder kommen so zahlreich, daß sie bis vor dem Altar und hinter der Krippe stehen. Die Arbeit in der beißenden Kälte ist nicht umsonst gewesen.

Es wird eine innige Christnacht: während der Pfarrer für seine Flüchtlingsgemeinde zelebriert, bricht durch alles Elend die Seele des singenden Deutschland hindurch. Das Weihnachtskind wird, wie früher, mit den Liedern der Heimat begrüßt. Memento, Domine ... Sei Deiner verjagten Herde von B. eingedenk, schau ihr Vertrauen und ihre Ausdauer und bleib bei ihnen, Herr. Bei allem, was sie verloren haben, ist Deine Abwesenheit ihr schmerzlichstes Entbehren. Gott der Barmherzigkeit, verlaß uns nicht.

Pfarrer Luschka darf zufrieden sein. Es hat ihnen allen gutgetan, das zu erleben.

Hochamt. Dieselbe Stimmung, dieselbe Gesinnung. Dann Abreißen, die ganze mühsam aufgebaute Ausschmückung wegräumen: gleich hält der Turnverein eine Versammlung.

Zweiter Weihnachtsfeiertag, ganz früh: Pfarrer und Küster bauen, so gut es geht, alles wieder auf. Frühmesse, Hochamt.

Abreißen: heute abend ist Kostümball.

Sonntag: Silvesterabend. Dasselbe.

Neujahr: Trotz aller Behutsamkeit ist der ganze Schmuck

schmuddelig und abgegriffen, und Pfarrer Luschka fühlt, daß auch die Atmosphäre von Weihnachten verloren ist. Der Hirt ist bekümmert um seine Herde, um die vielen, die den Weg zur Tanzsaalkirche vergessen haben. Und um die anderen, die – wie lange noch? – standhalten mit der Hilfe, die er ihnen bieten kann und die so hoffnungslos unzureichend ist. Und trotz aller Mühe wird es nicht besser, solange er Gott in dieser Bude danksagen und Ihn hier anbeten muß.
Mit dieser Sicherheit ist Pfarrer Johannes Luschka aus der Weihnachtszeit mit seiner Frage zu uns gekommen. Aus diesen Tagen des tiefen Friedens – oder des größeren Elends – hat Gott uns diesen Priester geschickt. Einen aus den Hunderten, die in der Bresche standen als Verkörperung der übermenschlichen Anstrengung und der Ohnmacht, mit denen dieses geschlagene Volk um Gott rang. Auf diesem Priester ruhte Gottes Hand. Die Hand, die einmal für alle Ewigkeit das große Gebot niedergeschrieben hat: „Daß ihr einander liebhabt wie euch selbst um meinetwillen!"
Und der Seelsorger schrieb: „Unsere Millionen Flüchtlinge können zwei Wegen folgen: entweder verfallen sie unter dem Druck jahrelanger Prüfungen einem gottlosen Radikalismus oder sie behalten den Glauben ihrer Väter, und dann wird das Leid ihnen zur Läuterung, zur Buße für die Fehler ihres Volkes und der andern. Aber dann müssen wir ihnen die Mittel verschaffen, um neue katholische Kirchen zu bauen, die unentbehrlichen Brennpunkte jeglichen religiösen Lebens. Sie werden eines von beiden: Dynamit oder wertvolle Bausteine für Gottes Reich.
Wir haben das Äußerste getan. Aber wie primitiv sind noch immer die Verhältnisse. Zahlreiche evangelische Kirchen stehen uns zur Verfügung, aber zahlreich sind auch die Orte, wo der Herr zufrieden sein muß mit einem Wirtschaftslokal oder Tanzsaal. So ist es auch hier in B. Unsere

Leute werden in solchen Kirchenlokalen nicht heimisch, und viele vernachlässigen deshalb den Gang zum Altar. Sie haben das Vaterland jedes Katholiken verloren: die Kirche. Deshalb diese dringende Bitte an unsere katholischen Glaubensbrüder in Flandern, die sich einer eigenen Kirche erfreuen: Helft uns doch, unsere Kirche zu vollenden. Unsere Gemeinde, beinahe ausschließlich Flüchtlinge, hat unter großen Anstrengungen die Summe von 10 000 Mark zusammengebracht, aber ohne Hilfe können wir das Werk nicht vollenden. Helft uns, die durch Christi Blut erlösten Seelen zu behalten und wiederzugewinnen.
Wir versichern euch, wir werden nicht undankbar sein. Jeden Sonntag wird die Geistlichkeit von B. aller Wohltäter eingedenk sein, die mitgeholfen haben beim Aufbau des Gotteshauses, und der Herr wird ihr Opfer segnen. Um der unsterblichen Seelen willen helft uns!

J. Luschka, Seelsorger in B."

Dieser Notschrei und viele andere Briefe, in denen mit Nachdruck um Unterstützung für Kirchenbau in der Diaspora gebeten wurde, zwangen uns schließlich zu einer neuen Aktion. „Gib dem Herrn eine Handvoll Korn" sollte uns die erforderlichen Mittel für die wenigstens teilweise Finanzierung einer Reihe von Flüchtlingskirchen verschaffen. Die Bauernmädchen von Holland und Belgien zogen von Hof zu Hof mit Papiersäcken, auf denen die Embleme der Ostpriesterhilfe gedruckt waren: das O und das H, verbunden durch das Kreuz, das Zeichen der Kirche Christi, die keine Grenzen kennt, das Zeichen der Hoffnung und des Segens über diesem Werk der Barmherzigkeit. Feste Papiersäcke, die nicht so bald zerrissen. Wenige Tage später würden sie die Jungbauern mit ihren rumpelnden Karren abholen, um sie brechend voll von Getreide in den örtlichen Lagerraum des Bauernbundes zu fahren, der den Auftrag hatte, es zu verkaufen. Der Erlös war für uns. Hunderttausende Gulden und Millionen Franken, die es uns ermöglichten, den Kirchenbau in Flüchtlingsgebieten zu finanzieren. Pfarrer Luschka in B. bekam sein Kirchlein und Josef Artel in Gambach und viele andere. Das Beispiel der Bauern steckte an. Die Utrechter Universitätsstudenten führten eine eigene Aktion durch und bauten eine Kirche für Josef Schneider in Freiensteinau. Und überall in Holland und Belgien wurde Geld gesammelt für einen Flüchtlingspriester, um ihm beim Kirchenbau zu helfen. Ein Jahr später begann die wallonische Abteilung der Ostpriesterhilfe Freiwillige zu rekrutieren, um durch unentgeltliche Arbeitsstunden den Kirchenbau in der Diaspora zu beschleunigen. Sie waren die Vorläufer des Bauordens, dessen Baugesellen, finanziert von der Ostpriesterhilfe, am Entstehen vieler neuer Kirchen wesentlichen Anteil hatten. Mit großer Dankbarkeit unseren Wohltätern gegenüber dürfen wir sagen, daß in den ehemals rein evangelischen Gebieten der Bundesrepublik Hunderte von Kirchlein stehen, an denen die Ostpriesterhilfe mit Liebe und Begeisterung mitgebaut hat.

Festungen für Gott

Es war eine große Genugtuung für die Ostpriesterhilfe, als Bischof Kerkhofs, der unser Werk von Anfang an gesegnet hatte, am 24. September 1952 in einem Hirtenbrief sein ganzes Bistum zur Mitarbeit an der neuen Aufgabe der Ostpriesterhilfe aufrief; der Errichtung einer Reihe geistlicher Stützpunkte am Eisernen Vorhang. Ohne Zweifel wurde dieser bischöfliche Entscheid durch die Erkenntnis herbeigeführt, daß der Osten nur dann für Christus erobert werden kann, wenn

die Kirche in Deutschland kräftig und lebendig bleibt, und daß in den entchristlichten Gebieten, in denen vielleicht die Entscheidung über die Zukunft der Kirche in Europa fallen wird, mehr Bedarf an christlichen Kraftzentralen als an Militärstützpunkten ist.
Somit hatte der Bischof von Lüttich beschlossen, als Beweis liebevoller Verbundenheit mit den kämpfenden Brüdern in den Krisengebieten der Kirche, eine Festung für Gott im Bistum Fulda zu bauen. Sie sollte ein Brennpunkt des Gebets und des apostolischen Eifers werden. Ein Kloster mit Exerzitienhaus und gastfreiem Obdach für alle verjagten Flüchtlinge und Armen, bei denen es von einem Stück Brot und einem guten Wort abhängen kann, ob sie Gottes Namen segnen oder verfluchen werden. Ein geistliches Zentrum für die vereinsamten Priester, die bis 100 km weit in der Umgebung ihre zahlreichen Dörfer betreuen und die einzige Stütze für zehntausend verjagte Katholiken sind. Eine Ausfallbasis für Ordensleute aus Holland und Belgien, die als Samariter und Apostel über die Straßen ziehen werden, um Priestern und Gläubigen in ihrer übermenschlichen Heimsuchung beizustehen. Und außerdem sollten um das Kloster herum ausländische Priester ihren deutschen Mitbrüdern die Bürde der Seelsorge tragen helfen. So wurde in den Predigten und Pressemeldungen der Ostpriesterhilfe schon 1952 Sinn und Aufgabe des Klosters Bebra beschrieben, der ersten Festung für Gott dicht am Eisernen Vorhang.
Es war eine gründliche Vorbereitung vorausgegangen. Wir hatten zuerst in Königstein ein Forschungsinstitut, das KISIF (Katholisches Internationales Soziologisches Institut für Flüchtingsfragen), gegründet, dessen erste Aufgabe es war, unseren Stützpunkteplan in der Diaspora wissenschaftlich zu fundieren. Wir wollten keine Luftschlösser bauen. Unsere Aktion, die sich über viele Jahre ausdehnen sollte, mußte auf solider Basis ruhen.
Zuerst sollte das Institut eine demographische Karte der

Diaspora ausarbeiten. Genaue Statistiken über die Zahl der katholischen Flüchtlinge, ihre Herkunft, ihren Beruf, ihre Familie, ihre Zukunftsmöglichkeiten, ihren religiösen Gehalt wurden aufgestellt. Diese Daten verglich man mit den Industrialisierungsplänen, dem Landwirtschaftsprogramm und den Urbarmachungsplänen der deutschen Bundesregierung. Aufgrund dieser Vergleiche konnten unsere Soziologen eine Prognose stellen, in welchen Gegenden die katholischen Flüchtlinge seßhaft werden würden. Man konnte voraussagen: Wo sich keine Industrie ansiedelt, werden auch die Flüchtlinge abwandern. Dadurch konnte man im voraus berechnen, wie sich die verschiedenen Gegenden wirtschaftlich entwickeln und sich die Bevölkerungskurve dort in den nächsten Jahren abzeichnen würde. Aufgrund dieses Materials wurde geplant. Auf dieser imaginären, aber zuverlässigen Zukunftskarte projektierten wir die Karte der zu bauenden Gottesburgen, um Fehlinvestitionen zu vermeiden. Denn wir hatten das abschreckende Beispiel von planlos gebauten Kirchen vor Augen, die nach einigen Jahren schon überflüssig waren, weil die katholische Bevölkerung inzwischen abgewandert war. Unser Stützpunkteplan umfaßte den Wiederaufbau oder Neubau von Klöstern in Celle, Braunschweig, Hannover, Kiel, Salzgitter, Bebra, Hof, Stuttgart und anderen Orten.
Große Opfer wurden für die Verwirklichung dieses kühnen Planes gebracht. Das Bistum Lüttich stellte acht Millionen Franken für Bebra zur Verfügung, wo außer einem Kapuzinerkloster ein Schwesternkloster mit Nähschule, Krankenstation und Kindergarten gebaut wurde. Unsere holländischen Wohltäter finanzierten das Redemptoristenkloster im Salzgitter-Gebiet, die Höchstleistung des ganzen Unternehmens. Irland beteiligte sich am Bau des Dominikanerklosters in Braunschweig. Das Bistum Brügge schuf Gottes Festung am Rand der Lüneburger Heide, in Celle. Die Baubrüder errichteten mit eigenen Händen eine Gebetsburg, ein kontem-

Bild 9: Eine „süße" Aktion: Naschtüten flämischer Kinder für Oster- und Erstkommunionfeiern in der deutschen Diaspora.

Bild 10: Auch der Mitarbeiter, der Schuhe sortiert, erfährt Zuspruch und Ermutigung vom Speckpater.

Bild 11: Rucksackpriester beim Besuch eines der vielen Diaspora-dörfer, die er vorher zu Fuß oder mit dem Fahrrad betreute.

Bild 12/13: Zwanzig Kapellenwagen aus den Niederlanden fahren in ihre Einsatzgebiete in der deutschen Diaspora.

Bild 14: Königstein im April 1951: Kardinal Frings segnet die ausländischen und deutschen Kapellenwagenmissionare bei einer „Sendungsfeier“.

Bild 15: Kardinal Frings und P. Werenfried 1954 bei der Besichtigung von 15 neuen Kapellenwagen, welche die flämische Diözese Gent spendete.

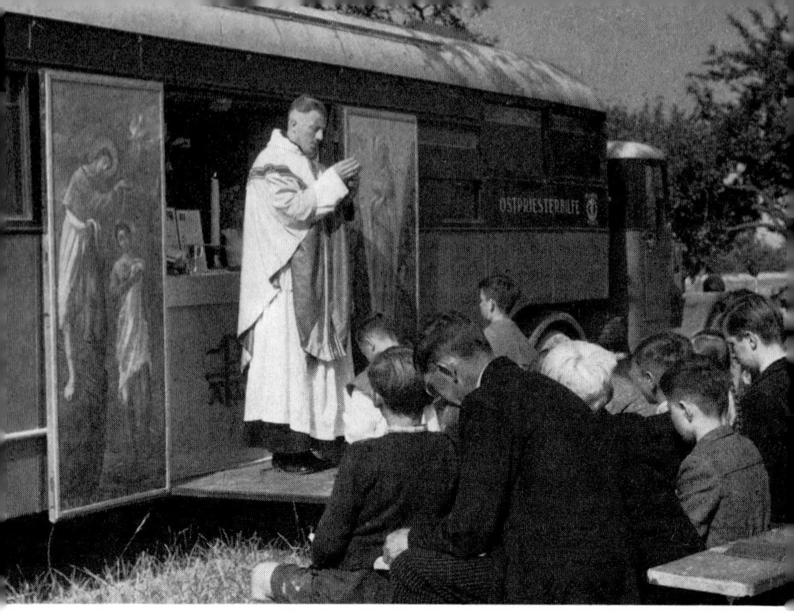

Bild 16: Heilige Messe am Kapellenwagen für katholische Heimatvertriebene in einem evangelischen Diasporadorf.

platives Klarissenkloster in der Nähe von Hannover. Die holländische Ostpriesterhilfe finanzierte außerdem das Schwesternkloster Herrnau in Salzburg usw.
Bei der Einweihung von Bebra sprach der Bischof von Lüttich mit feuchten Augen seine Zukunftswünsche aus: „Dieser Stützpunkt möge ein Zuhause sein, das den vorbeiziehenden Rucksackpriestern Wärme und Kraft gibt. Es sei ein Heiligtum, in dem die Wohltaten der göttlichen Barmherzigkeit und Güte herabgefleht werden. Es sei eine Festung für Gott, die tröstendes Licht und stärkende Kraft ausstrahlt. Es sei ein lebendiges Symbol der wahren Liebe, die über alle Unterschiede hinweg die Menschen zusammenführt. Es möge die Botschaft des Friedens und der Liebe, die der Erlöser den Menschen gebracht hat, weitertragen. Es sei ein würdiger Stützpunkt, so wie die Stützpunkte, die vor tausend Jahren von den großen Missionaren in diesen Gegenden gegründet worden sind. Es mögen noch mehrere dieser Gottesburgen folgen als eine Kette der Liebe, von der Bebra das erste Glied ist!"

Unermeßlich ist der Segen, der durch diese Klostergründungen über die sich mühsam behauptenden Diasporakatholiken herabgeströmt ist. Vielleicht war der Widerstand gegen unseren Plan deshalb so groß, und vielleicht mußte deshalb so unbarmherzig viel geopfert werden, bevor unsere ersten Klöster standen.
Ich halte es für meine Dankespflicht, hier das Lebensopfer von Lieveke Rommens in Erinnerung zu rufen, mit dem dieses neunzehnjährige Mädchen ein geistliches Fundament für das Kloster Celle legte, die Gründung, die uns die größte Anstrengung und den bittersten Kampf gekostet hat.
Es war in Roeselare am 14. März 1954. An diesem Sonntag hatten unsere Prediger in allen Kirchen zugunsten der Klostergründung Celle gepredigt. Abends sprach ich selbst im großen Saal. Und an diesem Sonntagabend, kaum neunzig

Stunden vor ihrem Tod, hat Gott flüsternd von einem einfachen Mädchen ein großes Opfer verlangt. Ein Opfer für das schwerumstrittene Kloster in Celle und für die verlassenen Seelen, die Er der Ostpriesterhilfe anvertraut hat.
Oft schon haben wir die Erfahrung gemacht, daß die Menschen viel besser sind, als wir denken. Daß viele nur auf ein großes Ideal warten, um sich ihm rücksichtslos zu schenken. Daß nicht wenige bereit sind, den Kopf zu verlieren, um nur noch ihr Herz und die Gnade sprechen zu lassen. So war es auch mit Lieveke. Neunzig Stunden vor ihrem Tod hat sie auf Gott gehört und ein Opfer gesucht. Etwas, das ihr ein wenig weh tun würde, wie ich es in meiner Ansprache gesagt hatte. Und sie hat etwas gefunden. Sie sparte schon lange für eine Reise mit ihrer Zwillingsschwester nach Lourdes. Wenn sie dieses Gesparte nun der Ostpriesterhilfe schenken würde? ... Ja, das würde weh tun. Einen Augenblick waren ihre Augen feucht, als sie abends ihren großen Entschluß ihrer Mutter erzählte. Aber sie hielt sich tapfer und tat so, als wären diese paar tausend Franken nur eine Bagatelle für sie. Und es wurde mit keinem Wort mehr darüber gesprochen.
Die anderen Mädchen, mit denen sie in den nächsten Tagen als Helferin beim Kapellenwagen war, haben nichts bemerkt. Sie war froh und sonnig und verspielt ... und auch ein wenig unvorsichtig, wie gestern und immer. Sie rackerte sich ab, sie schleppte Pakete und Arme voll Bekleidung. Sie hatte ein liebes Wort und ein Lächeln für jeden, der ihr seine Spende für Celle anvertraute. Sie fühlte sich gar nicht als Heldin wegen jenes gesparten Geldes. Sie blieb ganz normal: Lieveke Rommens, die lachte und tollte wie gestern und immer. Nur Gott hat sie anders gesehen, weil Er von ihrer Tapferkeit gerührt war. Und in Seiner übergroßen Liebe hat Er wohl bedacht, daß ihre reine Seele *jetzt* schöner war denn je.
Nein, Gott, wir können es Dir nicht übelnehmen, daß Du Deine Blumen pflückst, wenn sie am schönsten blühen. Und Du hast recht, wenn Du Deine liebsten Kinder zuerst umar-

men willst. Deshalb hast Du Lieveke zu Dir genommen, neunzig Stunden nach ihrem großen Entschluß. Da war Bestürzung und Wehklagen um ihren blutenden Körper auf der Straße. Da war Trauer und Betrübnis in Roeselare. Da war – wie selten zuvor – aufrichtige Teilnahme am Leid von Vater und Mutter und von der ganzen Familie, die mit christlicher Gelassenheit und fast mit Stolz dieses schwere Kreuz zu tragen wußten.
Die Welt mag ihren jähen Tod unter dem Kapellenwagen der Ostpriesterhilfe, ihr Sterben an einer Liebestat einen traurigen Unfall nennen. Die Wirklichkeit ist anders. Denn Unsere Liebe Frau von Flandern und St. Godelieve und ihr Schutzengel haben Lieveke lächelnd zum Thron Gottes geführt. Denn wer in der Liebe stirbt, wird von Gottes Liebe gekrönt.
Wenige Tage später haben wir sie beerdigt. Die Sonne schlug Funken aus dem Prozessionskreuz. Die Mädchen sangen die frohen Lieder der Totenliturgie. Ein Missionsbischof war dabei und ein Abgeordneter des Bischofs von Brügge. Wir von der Ostpriesterhilfe waren mit dem schönsten Kranz gekommen, den wir finden konnten. Es gab lange Reihen von Priestern und Tausende von Menschen, die beteten und vor Ergriffenheit weinten. Ein einfaches Mädchen aus Flandern, machte ihren Triumphzug durch Roeselare.
Die Aktion der Ostpriesterhilfe in Roeselare war gelungen. Das gute Volk hatte viel gegeben. Aber über den Tonnen Liebesgaben und den enormen Geldsummen schimmerte das reine Opfer von Lieveke Rommens. Fern am Eisernen Vorhang, in Celle, wo seitdem die Festung für Gott gebaut ist, trägt dieses Opfer Frucht. Aus Dankbarkeit und zur frommen Erinnerung an Lieveke Rommens hat die Ostpriesterhilfe dort nach St. Godelieve, der Heiligen aus Flandern, einen Altar benannt.

Gut zwei Jahre später wurde das Kloster eingeweiht. Sturm und Sonne gaben der Feier einen eigenen Charakter. Der Bischof von Brügge war am Vorabend mit dem Flugzeug in Hannover eingetroffen. Ein überfüllter Autobus war von fünf Uhr morgens an unterwegs, voll mit Ehrengästen aus ganz Westflandern. Autos aus Roeselare und Tongerlo lieferten ihr eigenes Kontingent. So kam eine phantastische Gesellschaft zusammen. Junge Baugesellen und Baukapläne, gelbschlipsige Blauhemden der KSA, der bischöfliche Bevollmächtigte für die Ostpriesterhilfe mit seinem Stab von Priester- und Laienmitarbeitern, Remi und Piet, Aktivisten der Kapellenwagen-Tour durch das Bistum, die Propagandamänner des Hauptquartiers in Tongerlo, die stillen Werkleute Gottes, alte Mütterchen, schüchterne Mädchen und stämmige Kerle, die nach dem Willen des Bischofs dabeisein sollten, da ihr Opfer von so vielen Jahren mit diesem Glorientag gekrönt werden sollte. Wer war noch da? Vater und Mutter von Lieveke Rommens und der unermüdliche Staf Vermeulen als Vorstandsmitglied der Ostpriesterhilfe, und ich selbst.
Ja, wir waren alle da, um diesen eisernen Bischof, 72 Flamen mit Fahnen und Liedern, mit den Statuen von Unserer Lieben Frau von Dadizele und von Sinte Godelieve, mit Kelch und Ziborium und mit Armen voll Meßgewändern, die sogleich nach der Ankunft singend auf dem Marmortisch des Altares niedergelegt wurden.
Und weil die Zeit der einseitigen Hilfe an Deutschland vorbei war, deshalb war auch der Frauenbund des Bistums Hildesheim da, der den deutschen Anteil für die neue Kirche geopfert hatte. Und es gab vierzig Kolpingsöhne aus Berlin, die ihrem Kolpingsvater, dem Dominikanerprior, das Geleit gaben in die geistliche Festung, zu deren Kommandeur er ernannt worden war (schon einige Monate später würde er an den übermenschlichen Anstrengungen seines Apostolates sterben). Und Tausende von Menschen Celle, Flücht-

linge aus dem Osten, die hier eine Heimat für ihre Seelen suchten. Und die Geistlichkeit von nah und fern mit dem feierlichen violetten Monsignore, der nach dem Tode des greisen Bischofs das dankbare Hildesheim vertrat.

Sonntags um sieben Uhr begann die Kirchweihe. Hoch und rank strahlte der rahmweiße Giebel in der Morgensonne. Der Sturm zauste an den Wimpeln, als die hochgewachsene Gestalt des Bischofs von Brügge auf die Kirche zuschritt: ein Kämpfer Gottes, der trotz seiner großen Aufgaben daheim auch noch die Nöte und Sorgen der bedrohten Kirche in der Fremde zu den seinen machte.

Der Bischof pontifiziert mit Überzeugung und Nachdruck. Er weckt die jahrhundertealten lateinischen Texte zum Leben durch einen überraschenden Akzent, eine Stimmerhebung, einen Blick oder eine Gebärde, womit er sein Wort unterstreicht. Ein Windstoß aus dem blau-weißen Sturmhimmel ist die Antwort auf seine erste Anrufung des Heiligen Geistes. Der Chor der Dominikaner, in schwarzen Mänteln über der weißen Kutte, singt die uralten Psalmen und Hymnen. Eine Prozession nach der anderen geht mit Weihrauch und Weihwasser um die Mauern des Gotteshauses herum. Mit geweihtem Öl, heiligem Chrysam und allen Sakramentalien, Gebeten und Weihen unserer Mutter der heiligen Kirche wird diese Burg Gottes immun gemacht gegen die Macht und Drohung des Bösen, der so deutlich jahrelang versucht hatte, dieses Werk der Liebe zu verhindern und zu zerstören.

Denn diese Gottesburg ist gebaut worden gegen alles und jeden. Ich selbst mußte drohen, mein Bundesverdienstkreuz zurückzuschicken, um den Verkauf eines Grundstücks zu erzwingen. Immer wieder wurde der Plan sabotiert. Wir bekamen keine Baugenehmigung. Dann verlor man in Westflandern die Geduld. Junge Kerle aus allen Kollegien des Bistums haben einen alten Autobus geliehen und sind mit geballten Fäuste nach Celle gefahren. Auf einmal standen sie da mit nichts als ihrem Glauben und ihren Muskeln. Es wurde eine

grandiose Improvisation. Sie knieten sich zu einem Gebet hin, schlugen ein großes Kreuz und begannen ohne Genehmigung zu graben. Sie gruben wie die Wilden. Sie legten in einem Zug die Fundamente. So wurde noch nie geschuftet, und solche Briefe haben wir nach Abschluß eines Baulagers noch niemals erhalten. Diese Gideons-Bande von Studenten, unter der Führung von Baukaplan Tanghe, hat durch die vollendete Tatsache des fertiggestellten Fundamentes die erste Bresche in die Barrikade von Bosheit und Mißverständnis geschlagen, die immer wieder gegen diese Initiative der Ostpriesterhilfe aufgerichtet wurde.
Und jetzt verjagt der Bischof dieser kämpfenden Jugend die letzten Teufel aus dem Heiligtum, das auf diesem Fundament ruht. Der Zug von Geistlichen und Volk dringt in die Kirche ein. Wogen der Rührung gehen durch die Menge, als in der Allerheiligenlitanei die hier unbekannten Namen des heiligen Grafen Karl des Guten und von Sinte Godelieve gesungen werden, der flämischen Heiligen, deren Reliquien mit denen der ostdeutschen Heiligen Hedwig in dem Altar dieser Kirche eingemauert werden. Der Altar wird konsekriert. Ein alter Maurermeister schaut bewundernd zu, wie der Bischof mit unverkennbar fachmännischem Können die Kelle handhabt und das Grab der Reliquien schließt. Und auf einmal steht der Altar an fünf Stellen in Brand. Hohe Flammen und dunkle Rauchwolken steigen mit dem „Veni Sancte Spiritus" unbezwingbar zum Himmel. Ein kleiner Dominikanernovize singt mit so viel Innigkeit, daß ihm die Tränen in den Augen stehen. Zweieinhalb Stunden hat die Kirchweihe gedauert. Während der Pause vor der hl. Messe weiht der Bischof die Statuen von Godelieve und der Lieben Frau von Dadizele, die auf flämischen Schultern in diese Kirche hineingetragen wurden. Jetzt tönt ein neuer Klang durch den Raum: flämische Marienlieder voller Frömmigkeit und Kraft, die um Hilfe flehen für die bedrohte Kirche hier und zu Hause.

Atemlos hören die Deutschen zu, wie die Flut der Lieder kein Ende nehmen will, dreiviertel Stunden lang, bis der Bischof zurückkommt, um die erste hl. Messe in der gedrängt vollen Kirche zu feiern. Am Altar assistieren Priester aus Flandern, Arbeitstiere, die sich in einem Kapellenwagen, bei einer Großkundgebung, in einem Baulager mehr daheim fühlen als bei einem komplizierten Pontifikalamt. So geht's auch mir neben dem bischöflichen Thron. Aber mit drei Zeremoniaren und einem Bischof, der sogar noch geduldig lächelt, wenn ich ihm die Mitra verkehrt auf den Kopf setze, werden alle Schwierigkeiten überwunden. Und wenn auch die Zeremonienmeister ihre spezielle Sorge hatten: für alle, die es erleben durften, wird dieses Hochamt unvergessen bleiben, weil es randvoll war mit Dankbarkeit und ehrlichem Willen, weiterzukämpfen für das Reich Gottes, das einzige Ziel der Ostpriesterhilfe.

* * *

Eine der schönsten Realisierungen war wohl das Kloster Herrnau in Salzburg, das von den holländischen Katholiken für eine aus der Tschechoslowakei vertriebene Schwesterngemeinschaft gebaut wurde. Da Gottes Vorsehung hierbei so sichtbar eingegriffen hat, will ich nicht versäumen, kurz über diese Klostergründung zu berichten.

Es begann im Jahre 1937 in der Tschechoslowakei. Zehn Frauen vereinigten sich, um in tiefer Verbundenheit mit dem Opfer des Herrn in der heiligsten Eucharistie zu büßen und den Priestern in der Seelsorge aktiv beizustehen. Das Land war durch Haß und Nationalismus gespalten. Die Los-von-Rom-Bewegung lief wie ein Riß durch die Kirche. Das Salz der Erde war schal geworden. Lauheit und Gleichgültigkeit erstickten bei vielen den Sinn für die Sakramente. Die auf Anregung von Bischof Groß von Leitmeritz gegründete neue religiöse Gemeinschaft sollte ein Boll-

werk gegen die drohende Entchristlichung des Landes werden.
Der gnadenlose Krieg und die unmenschlichen Paragraphen von Jalta und Potsdam verhinderten schon bald die Verwirklichung dieses Ideals. Die junge Gemeinschaft schien in den Stürmen der großen Völkerwanderung, die nach dem Kriege über Europa rollte, unterzugehen.
Nach Nächten der Angst und Finsternis fand sich an einem neuen Morgen eine Handvoll dieser hilflosen Schwestern als Kinder der Vorsehung, bettelarm und obdachlos, in Salzburg ein. Elf Jahre wohnten sie in einer schmalen Gasse, hinter sonnenlosen und feuchten Mauern.
Krankheit und Tod waren in der ungesunden Wohnung ihre Hausgenossen. Aber wenn die Zimmer auch finster und klein waren, in den Herzen brannte die Flamme der Liebe. Darum wohl schlossen sich immer wieder neue Mädchen den entheimateten Schwestern im dunklen Haus an. In der Verborgenheit wuchs die Gemeinschaft.
Die perlgrauen Schwestern ergriffen tapfer und hilfsbereit jede Gelegenheit, um als Familienhelferin, Krankenpflegerin, Pfarrhelferin der Kirche in Not und den Flüchtlingen zu dienen. Aber keine Tätigkeit konnte sie den Auftrag vergessen lassen, den Bischof Groß und die allzufrüh verstorbene Gründerin, Mutter Maria Annuntiata Chotek, ihnen als heiliges Erbe hinterlassen hatten: rettende Engel zu sein für das unglückliche Land, das sie verstoßen hatte.
Eine Predigt über die Ostpriesterhilfe und eine Broschüre über unsere Aufgabe für die schweigende Kirche brachte die um ihr Dasein ringende Gemeinschaft mit unserem Werk in Verbindung. In internen Besprechungen reifte die Überzeugung, daß die Schwestern der Heiligsten Eucharistie in ihrem apostolischen Interesse für den Osten ganz dem Programm und den Idealen der Ostpriesterhilfe entsprachen. Und so wurde auch deutlich, daß diese Gemeinschaft nur dann ihre wichtige Aufgabe erfüllen konnte, wenn sie sich,

bezüglich Wohnung und Klosterleben, in normalen Verhältnissen entwickeln könne. Damit fiel die Entscheidung, daß in Salzburg eine Festung für Gott gebaut werden müsse, einer der geistlichen Stützpunkte zwischen Lübeck und Triest, in denen man sich nach den Worten des Hl. Vaters für den Frieden rüsten würde.

Es war Sommer 1957, als diese Entscheidung getroffen wurde, und es schien unmöglich, mitten im Jahr das ohnehin schon sehr überladene Budget der Ostpriesterhilfe noch mit den Baukosten eines Klosters zu belasten. Andererseits eilte die Sache. Ich riet den Schwestern, ein Darlehen aufzunehmen, und versprach, für das laufende Jahr die Zinsen zu tragen. Im Jahre 1958 würden wir dann aus dem Ertrag einer speziellen Salzburg-Aktion sowohl das Darlehen tilgen als auch die Kosten für den Restbau übernehmen. So könnten wir ein Jahr eher mit den Fundamenten des Klosters anfangen.

Da die Schwestern keine Kaution für ihr Darlehen stellen konnten, weigerte sich eine Bank nach der andern, das Geld vorzustrecken. Mein Versprechen, daß die Ostpriesterhilfe im nächsten Jahr den Betrag zurückerstatten würde, schien keinem Bankier seriös genug. Der Plan drohte aufgeschoben werden zu müssen. Aber bewegt von den Tränen und flehentlichen Bitten der braven Schwestern, fand ich zur elften Stunde eine Lösung. Ich schloß eine Lebensversicherung über 200 000 Mark ab, die ausgezahlt werden sollte, wenn ich vor Ende 1958 sterben würde. Die Auszahlung sollte an den deutschen Caritasverband geschehen. Ich ging mit der Versicherungspolice zum Caritaspräsidenten und bat ihn, mir 200 000 Mark für Salzburg zu leihen. Mein Argument war folgendes: „Wenn ich sterbe, bekommen Sie das Geld von der Versicherung zurück; wenn ich nicht sterbe, kann ich weiter predigen, und dann bekommen Sie das Geld aus den Kollekten der Ostpriesterhilfe; es gibt für Sie also kein Risiko, ausgenommen einen Atomkrieg; in diesem Fall spielt es keine Rolle, ob das Geld bei Ihnen oder bei mir kaputtgeht ..." Der Präsident lächelte und verteidigte meinen Vorschlag beim Vorstand. Eine Woche später erhielt ich die erbetene Summe. Sofort wurde mit dem Klosterbau begonnen.

Die holländische Abteilung der Ostpriesterhilfe übernahm die Rückzahlung des Darlehens und die Deckung der weiteren Baukosten. Hollands Katholiken opferten mit Begeisterung für das Projekt. 1958 zogen die Schwestern ins neue Kloster ein, zusammen mit Postulantinnen aus Tongeren, Hamburg, der Schweiz, dem Schwarzwald, die sich nach meinen Predigten oder Vorträgen gemeldet hatten, um in Salzburg die bessere Zukunft der Slowakei vorzubereiten.

Kloster Herrnau in Salzburg! Junge Frauen aus der Tschechoslowakei, aus Österreich, Südtirol, der Schweiz, aus Flandern und Deutschland lernen hier mit Energie und Liebe die slowakische Sprache. Sie erhalten eine Spezialausbildung für die Seelsorge oder für eine sozial-karitative Aufgabe. Sie erhalten die geistliche und aszetische Vorbereitung, die sie befähigt, schon jetzt in Österreich und später im Osten wertvolle, entsagungsbereite Helferinnen der Priester zu sein. Und in ihrer Kapelle beten sie für die Ostpriesterhilfe, für die verfolgte Kirche und für ihre geliebte Slowakei.

So haben wir eine neue Festung für Gott gebaut. Diesmal nicht für Priester, sondern für eine moderne Frauengemeinschaft, die bereit ist, betend und dienend in den Osten zu gehen. Mehr als zehntausend Schwestern wurden dort ermordet oder kamen in den Sklavenlagern und Gefängnissen um. Millionen Glaubensbrüder sehnen sich dort nach den helfenden Händen frommer, starker, gottgeweihter Frauen. Es war unsere Pflicht, die Möglichkeit zu schaffen und die materiellen Voraussetzungen zu verwirklichen, auf daß die Sehnsucht dieser Brüder nicht unerfüllt bleibt.

Und es wäre ein trauriger Skandal, wenn sich die jungen Mädchen unserer Zeit weigern würden, das Kreuz und die Herrlichkeit einer Ordensberufung für die Glorie Gottes und das Heil der unsterblichen Seelen zu bejahen.

So haben wir zwölf Klöster gebaut. Anknüpfend an die großen Traditionen der Christianisierung in früheren Zeiten glaubten wir, uns nicht auf Kirchenbau und Ausbildung neuer Priester oder auf die Aussendung von Kapellenwagen beschränken zu dürfen. Wir wollten durch den Bau von Klöstern in den neuen kirchlichen Provinzen eine Soforthilfe bringen. Die Gefahr war nicht imaginär, daß in der Diaspora mit der Organisierung der ordentlichen Seelsorge so viel Zeit verlorengehen würde, daß keine Seelen zu versorgen übrigblieben, wenn das vollkommene System von Kirchen und Kapellen endlich vollendet sein würde. Die Kirche hatte keine Zeit zu verlieren, und das schönste Kirchenbauprogramm würde sinnlos sein, wenn während der Übergangsperiode die Abfallbewegung unter den Diasporakatholiken nicht wirksam eingedämmt werden könnte.

Die Klostergründungen der Ostpriesterhilfe, die ausdrücklich vom Heiligen Vater gelobt wurden, wollten also eine Soforthilfe in den Gebieten bringen, wo die Organisation der Seelsorge noch im Anfangsstadium war. Nach unseren Vorstellungen mußte in den Gottesburgen ein Klosterleben auf Hochglanz gelebt werden, um in den Gebieten der geistlichen Entscheidung die Anwesenheit der Kirche möglichst intensiv und eindrucksvoll zu machen. Jedes Kloster mußte ein geistlicher Mittelpunkt werden für Rucksackpriester und Katholiken aus der ganzen Gegend. Es sollte Möglichkeit bieten für Exerzitien und Kurse. Es sollte auch sozial-karitative Aufgaben erfüllen durch Obdachlosen-Asyle, Caritasstellen, Kindergärten, Nähschulen, Krankenstationen, Jugendbewegung usw. Außerdem mußte der Stützpunkt als Ausgangsbasis für eine Gruppe junger und eifriger Seelsorger dienen, die dauernd das ganze Gebiet mit Kapellenwagen

durchkreuzten und für Sonntagsmessen, Volksmissionen, Beichtstuhl und Religionsunterricht zur Verfügung standen. Und schließlich war die Gottesburg gedacht als eine vorgeschobene Position des Gottesreiches, wodurch die Bewegung der Kirche nach Osten akzentuiert und genährt wird. Nicht im politischen oder militärischen, sondern im apostolischen Sinn.
Dies war der Traum, den wir in den ersten Jahren der Ostpriesterhilfe geträumt haben. Ein Traum, für den gelitten und geopfert wurde . . . und der leider nur teilweise Wirklichkeit geworden ist.

Der Bauorden

Der Bauorden ist ohne viel Gerede und ohne wissenschaftliche Theorien aus Not und Liebe gewachsen. Die Not rief um Hilfe, und die Liebe war erfinderisch: das Resultat war die aus der Ostpriesterhilfe entstandene Arbeitsgemeinschaft aller, die ihre Zeit, ihre Kraft, ihr Gebet oder ihr Geld geben wollten, um die Wohnungsnot zu beseitigen. Jedes Mitglied verpflichtete sich zu den „drei B“: Beten, Bauen und Bezahlen!
Der erste Anlaß zum Entstehen des Bauordens lag wohl in der Begegnung, die ich mit einem kleinen Flüchtlingsmädchen in einem Barackenlager hatte. Ich gab dem Kind ein Heiligenbildchen und sagte, es solle es zu Hause an die Wand hängen. „Wir haben keine Wand, Herr Pater!“ antwortete das Mädchen . . . Die hatten keine Wand! Die wohnten irgendwo in der Mitte einer Baracke, ohne Wand, ohne Schutz gegen das brutale Leben bei Tag und Nacht! Da habe

ich eingesehen, daß es nutzlos wäre, Klöster und Kirchen zu bauen, wenn die Gläubigen weiterhin in Massenquartieren zusammenhockten, über die man schreiben konnte: „Hier können die Zehn Gebote Gottes nicht mehr gehalten werden."

Ohne anständige Wohnung muß die christliche Familie zugrunde gehen, und ohne christliche Familien wird es nach zwei Generationen in diesen Gegenden keinen Katholizismus mehr geben. Dann brauchen wir auch keine Kirchen und Priester mehr. Wir müssen also versuchen, die christliche Familie zu retten, und deshalb sollten wir Wohnungen bauen, und so die Wohnungsnot lindern helfen.

Zwei Männer haben sich bei der Verwirklichung dieser Idee außerordentliche Verdienste erworben. Der erste war Oberst Van Coppenolle, der in der Verborgenheit die vorbereitende Untersuchung durchführte und die Möglichkeit studierte, mit ungeschulten, freiwilligen Arbeitskräften auf dem Sektor des Wohnungsbaues gute Arbeit zu leisten. Schon im Jahre 1952 ging er dafür nach Deutschland. Seine gründlichen Berichte und fachmännischen Gutachten waren ausschlaggebend für unsere Entscheidung, den Bauorden zu gründen. Die Vorbereitung des ersten Baulagers bei Münster war vornehmlich sein Verdienst.

Den zweiten Grundstein zum Bauorden legte Fritz Kroeger, der fähige Geschäftsführer der „Christlichen Loge", der für eine gewisse Anzahl von Jahren von dieser Vereinigung freigestellt wurde, um die praktische Organisation des Bauordens in die Hand zu nehmen. Mit seiner urdeutschen Tüchtigkeit, seinem vorsichtigen Finanzgebaren und seiner angeborenen Abneigung, sich in Abenteuer zu stürzen, war er in jenen ersten Jahren das unentbehrliche Gegengewicht gegen die jungen Flamen, die die impulsive und motorische Kraft der neuen Gründung waren. Er erwarb sich große Verdienste durch die Hartnäckigkeit, mit der er sich für eine gediegene Vorbereitung der Baulager und für die Unfallversicherung der

Baugesellen eingesetzt hat. Die guten Verbindungen mit dem deutschen Episkopat, den Regierungskreisen, Siedlungsgenossenschaften und Jugendorganisationen sind ihm zu verdanken. Die berühmte Bonifatius-Siedlung in Waldkappel – Höchstleistung des Bauordens – wäre nicht da ohne die Energie, die Ausdauer, die Weisheit und den persönlichen Einsatz dieses unvergessenen ersten Leiters des Bauordens. Er scheute Oberflächlichkeit und spektakuläre Experimente, er suchte keine billige Popularität, er vernachlässigte seine eigene Karriere, weil er sich in verborgener Dienstbarkeit uns zur Verfügung stellte, und schuf auf diese Weise einen soliden Bauorden, den wir später Maurits Nachtergaele anvertraut haben, dem vitalsten und sympatischsten Propagandisten, der je mit einem Kapellenwagen der Ostpriesterhilfe durch Belgien gefahren ist ...

Aber so weit waren wir 1953, in der Anfangsperiode des Bauordens, noch nicht. Fast niemand hatte Vertrauen in die Sache. Der Widerstand war groß. Das Unternehmen – das letzte, das Prälat Stalmans noch gesegnet hat – gab Anlaß zu scharfer Kritik. Bloß durch die Mitarbeit der flämischen Jesuitenkollegs, die auf Veranlassung des Jesuitengenerals in den Osterferien des Jahres 1953 hundert Studenten bereitstellten, war es möglich, ein erstes Experiment zu wagen.

Dieses Experiment hieß Münster. Dort lebten in trostlosen Baracken viele Vertriebene, die in Selbsthilfe ihr Häuschen bauten. Nur indem sie nach ihrem Tagewerk mit Frau und Kind Tausende von Stunden schufteten, konnten diese besitzlosen Menschen das fehlende Eigenkapital ersetzen und die Subventionen des Bundes und billige Baukredite beanspruchen. Ein großer Nachteil dieser Selbsthilfe war der Zeitverlust. Es dauerte zu lange, bis sie mit ihrer bedrohten Familie dem Lager entrinnen konnten. Inzwischen war es oft schon zu spät und die Familie bereits zerstört. Außerdem konnten die Ärmsten – die Witwen mit kleinen Kindern oder Kriegsversehrte mit nur einem Bein – diese Me-

thode nicht anwenden: sie waren zu dieser mühsamen Arbeit nicht imstande.
Die Aufgabe der ersten hundert Baugesellen war diese: in vierzehn Tagen zehntausend Arbeitsstunden zu leisten, wodurch die Ausschachtung der Keller und andere vorbereitende Arbeiten viel schneller vorangehen würden. Diese Stunden würden vorzugsweise Witwen und Invaliden zugute kommen.
Es schien ein Wagnis. Die Bauern im Münsterland kannten ihren schweren Lehmboden und verbargen ihre Zweifel nicht. Aber die Arbeit wurde begonnen mit dem ganzen Feuer, zu dem junge Flamen imstande sind. Nach drei Stunden waren die ungeübten Studentenhände voller Schürfwunden und Blasen. Aber niemand kapitulierte! Als die Jungen abends todmüde auf ihren Strohsäcken lagen, inspizierten die Bauern mit Stallaternen die Baustelle, um zu sehen, was diese Flamen geleistet hatten. Sie *konnten* nicht sagen, daß schlecht gearbeitet worden war. Sie *wollten* nicht zugeben, daß es eine tüchtige Leistung war. Deshalb sagten sie gar nichts. Sie dachten aber: „Morgen wird's weniger sein!"
Am zweiten Abend stellten die Bauern mit Staunen fest, daß die Baugesellen doppelt soviel Arbeit verrichtet hatten wie am Vortag. Und am dritten Tag gab es nicht Schubkarren und Wägelchen genug, um die ausgehobene Erde wegzukarren. Dann kam nachmittags der erste Bauer mit Pferd und Wagen zu Hilfe! Am nächsten Tag standen sieben Bauern mit Pferden, Karren, Söhnen und Knechten auf der Baustelle.
Das Beispiel dieser hundert verbissenen Jungen brachte die ganze Gegend in Bewegung. Bald arbeiteten im schweren Boden des Münsterlandes Bauern und Flüchtlinge, Studenten und Bürger Seite an Seite mit den weißen Baugesellen. Es wurde ein Wettkampf der Großherzigkeit, ein Triumph der Hilfsbereitschaft. Nach vierzehn Tagen war so viel ausgehoben und gebaut worden, daß 48 Familien dadurch ihre Woh-

nung ein Jahr früher beziehen konnten. Unter ihnen waren dreizehn Familien, die ohne die Hilfe der Baugesellen niemals ein eigenes Dach über den Kopf bekommen hätten. Das Experiment war gelungen.
Sofort wurde die Aktion ausgedehnt. Noch im Jahr 1953 wurden mit Arbeitslosen, Kollegstudenten, Universitätsstudenten, Angestellten aus Flandern und Wallonien zahlreiche andere Versuche gemacht. Alle Baulager wurden zuvor ganz von dem inzwischen in Deutschland mit Kapital der Ostpriesterhilfe gegründeten „Bauorden" finanziert, mit Ausnahme eines Beitrags zu den Reisekosten, den eine Anzahl von Teilnehmern selbst leistete. Die von uns unterstützten Siedler und Rucksackpriester hatten gar keine Unkosten.
Die wallonischen *Chantiers* dienten dem Bau einer ansehnlichen Zahl Diasporakirchen. Sie zählten gut 500 Teilnehmer. Begeisterung und Erfolg übertrafen alle Erwartungen. Die flämische Aktion umfaßte 20 Baulager mit mehr als 600 Teilnehmern. Sie halfen beim Wohnungsbau für die Ärmsten. Im September 1953 hatten 1100 flämische und wallonische Baugesellen in den deutschen Flüchtlingsgebieten die Lebensfähigkeit des Bauordens bewiesen.

* * *

Die Gründung des Bauordens stand im Dienst der Seelsorge. Als die Ostpriesterhilfe ihre Kapellenwagen und Fahrzeuge für Gott durch die Flüchtlingsgebiete ausschwärmen ließ, begann eine Periode des tieferen Kontaktes mit den zerstreuten Katholiken in überwiegend evangelisch bewohnten Gebieten. Hunderte von Priestern hatten die Möglichkeit, die tiefe Not der Diaspora kennenzulernen. Und schon bald läuteten sie die Alarmglocke in Tongerlo. Rucksackpriester und Kapellenwagenmissionare waren sich in ihrem Urteil einig, daß sich die jungen katholischen Gemeinschaften in diesem rohen geist-

lichen Klima nur dann behaupten könnten, wenn die Familie ein sicheres Haus und Gott inmitten seines Volkes eine Wohnung haben würde. Die christliche Gemeinschaft wächst um den Altar herum, und die christliche Familie kann nicht im Massenquartier gedeihen.
Deshalb haben wir die freiwilligen Baugesellen aufgerufen, Häuser für die Menschen und Kirchen für Gott zu bauen, überall dort, wo durch ein Fehlen von Häusern und Kirchen das Gottesreich gefährdet ist. Schon in unserer ersten Veröffentlichung (1953) über diese neue Initiative der Ostpriesterhilfe haben wir den kirchlichen Charakter der Neugründung betont und unsere feste Hoffnung ausgedrückt, daß aus dem Gros der Baugesellen ein neuer Orden herauswachsen würde, eine Art religiöser Gemeinschaft von Laienbrüdern, um diesem sozial-seelsorglichen Ziel in der Kirche zu dienen. Diese Gruppe gottgeweihter Baubrüder sollte einmal Haupt und Herz des freiwilligen Bauordens werden. Wegen dieses apostolischen Charakters des Bauordens und um der Einheit zwischen Baugesellen und Baubrüdern willen war es selbstverständlich notwendig, daß der ganze Bauorden unter kirchlicher Leitung blieb. Es war immer unsere Absicht, daß die freiwilligen Baugesellen als eine Art dritter Orden, als eine sozial-religiöse Bewegung dem Institut der Baubrüder angegliedert und das gemeinsame Ziel schließlich unter der Seelsorge und der technischen Führung der Baubrüder angestrebt werden sollte.
Die freiwilligen Baugesellen, die einige Wochen im Jahr ihre Arbeitskraft unentgeltlich der Kirche in Not zur Verfügung stellen, dienen in beschränktem Maße dem gleichen Ideal wie die Baubrüder, die, durch Gelübde gebunden, ihm ihr ganzes Leben widmen. Sie sind aber unentbehrlich, weil sie die Gratis-Hilfskraft bilden, die es erst ermöglicht, mit geringen Kosten große Objekte zu verwirklichen. Sie bilden auch das natürliche Rekrutierungsmilieu, aus dem das Institut der Baubrüder seine Berufe schöpft. Und schließlich sol-

len sie durch finanzielle Beiträge den wirtschaftlichen Grund für dieses Säkularinstitut legen.
So erträumte ich mir einst die Zukunft des Internationalen Bauordens als ein modernes kirchliches Organ im Dienst des Gottesreiches. Dieser Traum ist keine Wirklichkeit geworden. Wie bei jeder Neugründung waren Geduld und Zeit erforderlich. Es gab menschliche Unvollkommenheiten und Versehen. Es gab Schwierigkeiten und Mißverständnisse. Aber darüber hinaus gab es die ehrliche Meinung und den guten Willen vieler Tausender von Baugesellen und von zwei Dutzend Baubrüdern ... und die Gnade Gottes, die immer wieder Priester und junge Menschen angeregt hat, das alte Ideal aufs Neue zu leben. Darum bin ich Gott dankbar für diesen Bauorden, dessen Anfang so wunderbar war, der so viel geleistet hat und in den so viel Edelmut, Liebe, Opfer und Leid investiert wurden ...

* * *

Ohne Zweifel hat der Bauorden auf materiellem Gebiet Großes verwirklicht. Zehntausende haben die Hilfe der Baugesellen als eine kostbare Wohltat erfahren. Viel größer aber war der moralische und psychologische Wert dieser erfolgreichen Aktion. Die Präsenz der Baugesellen in vielen ausländischen Städten und Dörfern schlug Brücken über die Grenzen. Ihr Beispiel erregte Bewunderung und Nachahmung. Wertvolle Verbindungen wurden hergestellt, Vorurteile beseitigt, Freundschaften geschlossen. Die Baugesellen lernten, in einer Gemeinschaft zu dienen. Sie bekamen Ehrfurcht vor der Handarbeit. Ihr Horizont wurde erweitert. Nicht wenige von ihnen fanden in der Begegnung mit der geistlichen Not ihren Beruf zum Priestertum. Zahlreiche Seelsorger bestätigen, daß die Opferbereitschaft, das Beispiel und das christliche Zeugnis dieser Jungen bei ihren Gläubigen mehr Gutes gestiftet hat als eine Volksmission.

Der Bauorden! Viele Jahre lang wechselten Bautrupps einander in einem begeisternden Tempo ab. Sie schwangen ihre Spitzhacken, sie krümmten sich beim Graben, sie schwitzten beim Schleppen der schweren Steine. Sie zimmerten, mauerten und betonierten. Sie sangen, jeder in seiner Sprache, ihre Lieder. Sie lachten und schlossen Freundschaften miteinander. Sie liebäugelten schon mal mit den Mädchen. Und sie beteten ernsthaft vor der Arbeit und während der täglichen Gemeinschaftsmesse, damit Gott die Anstrengung ihrer Muskeln segnen möge. Das Epos dieser Aktion wurde vorzüglich beschrieben im Buch von Fischer-Barnicol „Handlanger Gottes“. Es war hart und schön. Das Hundewetter forderte oft Heldentum. Nur Gott weiß, wieviel Gutes daraus erwuchs.

Der Geist des Bauordens war der tatenfrohe Geist der Dienstbarkeit, der erfinderischen Liebe, des Seeleneifers und des modernen Apostolats. Es war der Geist, den wir zu umreißen versuchten in der „Regel“, die wir schon 1953 aufgeschrieben haben:

Als arbeitende Baugesellen können angenommen werden körperlich und sittlich gesunde junge Männer zwischen 17 und 30 Jahren, die durch unentgeltliche Arbeit helfen wollen beim Bau von Wohnungen für Entheimatete und Obdachlose und von Kirchen und Klöstern in allen Gebieten, wohin die kirchliche Autorität sie dazu ruft: Sie verpflichten sich, nachstehende Richtlinien zu befolgen.

1. Der Baugeselle arbeitet unentgeltlich 8 Stunden am Tag auf der Baustelle, die ihm durch die Leitung des Bauordens angewiesen wird. Er richtet sich nach den Instruktionen des Poliers. Er ist sich bewußt, daß er im

Dienst der Armen und Notleidenden steht, in denen er Christus sieht nach dessen eigenem Wort: „Was du dem geringsten meiner Brüder getan, das hast du mir getan.“ Darum erfüllt er mit Liebe, Fleiß und Sorgfalt die ihm anvertraute Aufgabe, die aber seinen Fähigkeiten und Körperkräften angepaßt sein muß.

2. Der Baugeselle gehört zu einer Gruppe und ist somit mitverantwortlich für den guten Geist in dieser Gruppe. Darum ist er arbeitsam, opferbereit, ehrlich, einfach und verträglich. Durch sein Beispiel ist er seinen Kameraden eine Stütze. Er sucht nicht sich selbst, sondern dient den anderen.
3. Der Baugeselle unterstellt sich der geistlichen Führung des Baukaplans. Dieser fördert den guten Geist in der Gruppe und hält alle schlechten Einflüsse von ihr fern. Beim ihm kann der Baugeselle Rat und Hilfe finden.
4. Der Baugeselle folgt seinem Gruppenführer in allem, was dieser für das Wohl der Gruppe anordnet. Er weiß, daß keine Ordnung möglich ist, wenn jeder seinen eigenen Willen tut. Deshalb muß der Baugeselle auf eigene Pläne und Absichten verzichten können. Der Gruppenführer sei allen ein Beispiel. Er sei aller Führer, vor allem derer, die weniger mit Talent gesegnet sind. Er überlegt mit dem Baukaplan die Anliegen der Gruppe und trifft die notwendigen Entscheidungen.
5. Der Baugeselle ist sich bewußt, daß er, inmitten von Menschen in Not, Vertreter der hl. Kirche ist, für die er durch seinen christlichen Lebensstil Zeugnis ablegt. Sein Beispiel kann für verirrte Seelen ein Wegweiser zu Gott sein. Außer der Arbeit seiner Hände nimmt er auch Anteil an den Nöten und Problemen der Armen. Er muß geduldig dem Bericht ihrer bitteren Erlebnisse zuhören können. Um zu diesen Men-

schen zu gehen, legt er mutig die Scheu ab, die ihn vielleicht daran hindert, ihre Sprache – wenn auch mangelhaft – zu sprechen.

6. Der Baugeselle darf darauf rechnen, daß die technischen Dinge für ihn vom Bauorden geregelt werden. Dieser trägt Sorge für Unfallversicherung während der Reise und auf der Baustelle, für Transport und Reisepässe, für Wohnung, Pflege und Arbeitskleidung und für die Erste Hilfe bei Unfällen.
7. Der Baugeselle ist ein frischer, lustiger Junge, auch in seiner Erholung. Seine Fähigkeiten auf diesem Gebiet stellt er gerne den anderen zur Verfügung. Er weiß, daß er auch in Gesang und Spiel die Ehre und Würde seines Volkes in der Fremde hochhalten muß. Er singt nur gute Lieder, spricht kultiviert und erniedrigt sich nicht durch Banalitäten oder Grobheit. In allem strahlt er den Adel und den Frohsinn der Kinder Gottes aus.
8. Der Baugeselle erfüllt seine Aufgabe in einem apostolischen Geist. Er arbeitet für die Sicherung und Ausbreitung des Gottesreiches auf Erden. Seine Hilfe ist Seelsorge der hl. Kirche. Darum sucht er Kraft und Beseelung bei Christus, der für die Seelen Sein Leben gegeben hat. Sein Gebet ist diszipliniert, männlich und ohne falsche Scham. Seine Kraft schöpft er aus der hl. Messe und den Sakramenten, durch die Christus ihn mit seiner göttlichen Lebenskraft erfüllt.

So wurde im Einvernehmen mit Abt. Emilius Stalmans, der uns plötzlich während des ersten Baulagers von Münster durch den Tod genommen wurde, der Bauorden entworfen: keine neue Form eines freiwilligen Arbeitsdienstes, der neben hundert anderen gleichartigen Organisationen in UNESCO-Kreisen wohlwollend geduldet wird, sondern eine schlagkräftige Gruppe junger Laienapostel unter Leitung und im Dienst der Kirche; beseelt von einem geweihten Kern technisch geschulter Baubrüder; zur Liebe Gottes bereit, überall in der

Welt die materiellen Voraussetzungen zu schaffen für das Wachstum des Gottesreiches; mit Marschrichtung in die Entwicklungsländer, die Missionen und – nach dem Zusammenbruch der kommunistischen Diktaturen – in die Gebiete hinter dem Eisernen Vorhang.
Durch die Entscheidung meines damaligen Oberen kann ich seit September 1960 für den Bauorden keine moralische und finanzielle Verantwortung mehr tragen. Aber als Gründer habe ich in diesen wenigen Seiten das Ideal noch einmal umrissen, das mir damals vorschwebte und das ich als Abschiedsgabe den Händen und Herzen meiner tapferen Baugesellen anvertraut habe.

Vom 2. bis 9. Januar

Nach menschlichen Begriffen ist unsere weltweite Tätigkeit ein Rätsel. Der Himmel weiß, daß der kränkliche Mönch, der mit diesem Werk beauftragt wurde, weder die körperliche Kraft noch die Weisheit, noch die vielen anderen Tugenden und Talente besaß, die nach dem gesunden Menschenverstand für eine solche Aufgabe unentbehrlich sind. Mehr als alle anderen bin ich davon überzeugt, daß Gott in diesem Fall ganz sicher das Schwache, Törichte und Nichtswürdige auserwählt hat, um ein großes Werk zustande zu bringen. Ohne ein häufiges und sehr besonderes Eingreifen Gottes wäre es schon lange an der Bosheit und Dummheit anderer ... und meiner selbst zugrunde gegangen, so daß alle Ehre und aller Ruhm wirklich Ihm allein gehört.
Wenn man Jahre hindurch in den schwierigsten Situatio-

nen Gottes segnende, helfende oder rettende Hand immer wieder spüren durfte, weiß man zuletzt selbst nicht mehr, wo das Gottvertrauen aufhört und wo der Leichtsinn beginnt. Vielleicht ist es auch nicht wichtig, das zu wissen, weil es dem Herrgott offenbar sehr schwerfällt, ein unerschütterliches Vertrauen zu beschämen, selbst wenn es nach menschlichem Maßstab verwegen heißen muß. Wenn wir die Parabel vom lästigen Mann lesen, der mitten in der Nacht seinen Freund weckt, um ein Brot zu leihen, sind wir geneigt, „Erpressung" zu nennen, was für Gott offenbar nichts anderes als ein beharrliches, vertrauensvolles Gebet ist. Christus scheut sich sogar nicht, uns diesen nächtlichen Radaumacher als Beispiel hinzustellen!
Weil in Gottes Sicht diese für die meisten Christen extravagante Form des Vertrauens ohne Zweifel die einzig richtige ist, scheint es klug, unser Vertrauen nicht allzusehr schmälern zu lassen von einer Weisheit, die vielleicht von dieser Welt ist. Statt uns durch Schwierigkeiten zur Inaktivität bringen zu lassen, ehren wir Gott mehr, wenn wir die Lösung dieser Schwierigkeiten Ihm überlassen und inzwischen ohne Furcht anfangen zu handeln. Zur Illustrierung des Gesagten möchte ich erzählen, wie ich zwischen dem 2. und 9. Januar 1956 dazu gezwungen wurde, das SIBO (Säkularinstitut des Bauordens) zu gründen. . .

* * *

Schon bald nach den ersten Baulagern erhielt ich Briefe und Besuche junger Männer, die ihr ganzes Leben dem Ideal der Baugesellen widmen wollten. Sie waren bereit, in einem von mir zu gründenden geistlichen Institut Gelübde abzulegen. Lange habe ich gezögert. Es war eine schwere Verantwortung, junge Menschen dazu zu bringen, von allem Abstand zu nehmen und eine Lebensform zu wählen, die noch nicht da war und die sie selbst erst gestalten sollten. Durfte ich da-

mit anfangen, ohne die innere Sicherheit zu haben, daß Gott mir dazu den Auftrag gab?
Ich muß ehrlich zugeben, daß ich mir kaum mich selbst als „Ordensgründer“ vorstellen konnte. Wenn ich mich heimlich mit den seriösen Männern verglich, die in früheren Zeiten ein solches Werk unternommen hatten, fuhr mir der Schrecken in die Knochen. Deshalb beschloß ich, die Sache nicht zu übereilen. Ich bat die Kandidaten, noch Geduld zu haben.
Sie hatten Geduld. Ein Jahr oder anderthalb Jahre lang ... und traten dann als Laienbrüder bei den Jesuiten oder in eine Missionsgesellschaft ein. Ohne Zweifel eine schöne Berufung, aber ich hätte sie natürlich lieber im Bauorden gesehen. Trotzdem getraute ich mich nicht, den entscheidenden Schritt zu wagen, bis ich am 2. Januar 1956 einen Brief aus dem Klarissenkloster in Düsseldorf erhielt.
Früher hatte ich den dortigen Schwestern einen Vortrag über die Ostpriesterhilfe gehalten. Regunglos und voller Aufmerksamkeit hatten sie meinem Bericht zugehört über die geistliche und materielle Not in der großen fremden Welt, wo es so ganz anders herging als in ihrem wohlbehüteten Lebensraum hinter Gittern und Klostermauern. Nach der Konferenz passierte mir, was jeder Exerzitienpater oder Einkehrtagsprediger mitmacht: ich wurde im Sprechzimmer von einem Butterbrot, einer Tasse Tee und der ehrwürdigen Mutter erwartet. Sie bat mich um Erläuterungen über unsere Festungen für Gott in der Diaspora und wollte wissen, ob die Ostpriesterhilfe auch kontemplative Klöster baut.
Ich antwortete, daß wir derartiges bisher noch nicht getan hätten, aber daß der Gedanke mich wohl reize. Wir hatten Klöster gebaut für aktive Patres, die motorisiert und voll apostolischen Feuers durch die Gegend rasten, predigten, zelebrierten, von morgens früh bis abends spät Beichte hörten und naturgemäß wenig Zeit hatten für Gebet, Besinnung und besondere Übungen der Bußfertigkeit. Diese fieberhafte Lebensweise schien mir zwar gerechtfertigt wegen der bitte-

ren geistlichen Not der Menschen, für die wir schließlich Priester geworden sind, aber sie verlangte doch nach einem Gegengewicht. Wenn es in unserer bewegten Zeit schon unmöglich war, in jedem individuellen Priesterleben das Beschauliche und das Aktive in idealem Verhältnis zu dosieren, so sollte doch wenigstens im großen Organismus des mystischen Leibes Christi und in den größeren Gefilden des Gottesreiches ein Ausgleich bestehen, der jeder der beiden unentbehrlichen Größen Gerechtigkeit widerfahren ließ.

Neben den Stoßtrupps der aktiven Seelsorger durften deswegen die kontemplativen Gemeinschaften nicht fehlen. Ohne Zweifel würde die Anwesenheit betender und büßender Ordensfrauen sowohl für die entwurzelten Flüchtlinge als auch für ihre herumsausenden Seelsorger eine Quelle des Segens und der Gnade sein. Darum erklärte ich mich grundsätzlich bereit, das Geld für eine beschauliche Klosterburg zusammenzubetteln, wenn die Frau Oberin ihrerseits die erforderlichen Nonnen liefern wollte, um das Kloster zu bevölkern. Dazu verpflichtete sie sich ohne Zögern, und wir sprachen bis Anfang 1955 noch öfter über die von uns geplante Gründung eines Klarissenklosters in der Diaspora.

Nun muß ich eingestehen, daß ich ein vergeßlicher Mann bin. In jener Zeit predigte ich nicht selten bis zu hundertmal im Monat in Ortschaften, die über halb Europa zerstreut lagen, so daß ich dauernd unterwegs war und allzuoft der wachsamen Sorge meiner vorzüglichen Sekretärin entschlüpfte, die jahrelang mein Gewissen und Gedächtnis war und mich in regelmäßigen Abständen an die Versprechungen erinnerte, die ich in obengeschildertem Geist des Gottvertrauens zu machen pflegte. Die Schwierigkeit war, daß sie unmöglich wissen konnte, was ich unterwegs alles versprochen hatte, so daß sie beim Willen nicht verhindern konnte, daß manche Dinge hoffnungslos drunter

und drüber gingen. Eines dieser Dinge war das in Düsseldorf versprochene Klosterobjekt, das ich zu meiner großen Schande später völlig vergaß.
Plötzlich lag am 2. Januar 1956 jener Brief der ehrwürdigen Mutter auf meinem Schreibtisch. Sie wollte wissen, wie es weitergehen solle mit unserer beschaulichen Gründung. Triumphierend teilte sie mit, daß ein reicher Sünder (wer ist kein Sünder?) bereit sei, ein geeignetes Grundstück zu stiften und daß ein gottesfürchtiger Architekt gratis die Pläne entwerfen wolle. Außerdem sei das Düsseldorfer Klösterchen übervölkert. Neue Berufungen gebe es in Hülle und Fülle. Es dürfe nicht länger gewartet werden! In der vorsichtigen Annahme, daß mein anhaltendes Schweigen vielleicht auf Geldmangel der Ostpriesterhilfe zurückzuführen sei, fragte sie gleich, ob nicht in diesem Fall der Bauorden das Kloster bauen könne?
In meiner Antwort, die am selben 2. Januar abging, versicherte ich ihr, daß die Ostpriesterhilfe Wort halten werde, obwohl wir im Moment tatsächlich kein Geld und auch noch keinen richtigen Bauorden hätten. Ich erklärte ihr, daß man mit ungeschulten Baugesellen kein Kloster bauen kann, doch daß ich schon lange im Sinn hatte, eine Art Säkularinstitut von Baubrüdern zu gründen, mit dem der große Bauorden endlich komplett sein werde. Diese Baubrüder – Maurer, Zimmerleute, Elektriker, Ingenieure und Architekten – wären natürlich wohl imstande, das versprochene Kloster zu bauen. Bevor ich aber die wartenden Kandidaten aufrufen könne, müßten vier Bedingungen erfüllt sein; erstens müßte ein Bischof gefunden werden, der das neue Institut segnen und die Genehmigung für den Start geben würde; zweitens würde ein Winterquartier gebraucht, wo die Baubrüder in der toten Saison ihre geistliche Formung und technische Ausbildung erhielten; drittens könnten wir nicht ohne einen frommen, erfahrenen Priester anfangen, der die geistliche Leitung des Instituts übernehmen müßte; viertens

sollte wenigstens einer der Kandidaten genügend Fähigkeiten besitzen, um später eventuell Superior zu werden!
Zum Schluß fügte ich hinzu: „Wenn Sie mit Ihren Schwestern so inbrünstig beten, daß diese vier Bedingungen *innerhalb der nächsten Woche* erfüllt sind, wird mir dies ein Zeichen des Himmels sein, daß ich das Säkularinstitut der Baubrüder gründen muß. Ich verspreche Ihnen, daß das Noviziat dann Ihr Kloster bauen und daß die Ostpriesterhilfe die Kosten für die Baumaterialien tragen wird."
So schrieb ich am 2. Januar 1956, dem ersten Tag einer Woche voller Wunder. Am 4. Januar wurde ich von Pietro Modesto angerufen, einem struppigen Italiener, der damals unsere Arbeitsstelle in Wien leitete. Er teilte mir mit, daß der Ostpriesterhilfe zwei Berggipfel mit einem Kirchlein, einem Bauernhof, einem Haus und einem Wald in den Karawanken, einem Gebirge an der jugoslawischen Grenze Kärntens, angeboten worden waren. Er meinte, daß wir das Anwesen vielleicht als Ferienort für alte Flüchtlinge aus den österreichischen Lagern verwenden könnten. Sie könnten im Haus wohnen, von dem Ertrag des Hofes leben, könnten auch einen ruhebedürftigen Priester mitbringen, der in der alten Kapelle die Messe lesen würde, und um die Reisekosten zu decken, würden wir jährlich eine Anzahl Bäume fällen. Das Haus sollte aber vorher restauriert und dem neuen Ziel angepaßt werden; ob ich dafür nicht sofort eine Gruppe Baugesellen schicken könnte?
Auf einmal schoß mir der Gedanke durch den Kopf, daß dieses Angebot eigentlich gleich das Problem des Winterquartiers für die Baubrüder löste. Wenn die Baubrüder dort ihren ersten Noviziatswinter verbrachten, konnten die zwei Berggipfel immer noch als Sommerfrische dienen. Das Haus wäre so das ganze Jahr hindurch bewohnt. Außerdem hatten die Baubrüder dann auch etwas zu tun. Man kann unmöglich junge Kerle einen ganzen Winter lang mit geistlichen Übungen, mit Betrachtungen, Vorlesungen über Spirituali-

tät, Studium der Sprachen und Baufachtheorie beschäftigen. Das würde für viele den kürzesten Weg zu einer Nervenheilanstalt bedeuten. Im Winterquartier von St. Florian (so hieß der Weiler) konnten sie ihr geistliches Programm mit körperlicher Arbeit abwechseln. Sie konnten Haus und Kapelle instand setzen, im Bauernhof helfen und im Wald Bäume fällen. Und sobald die Bausaison anfing, würden sie den Flüchtlingen Platz machen, die dort, der trostlosen Sphäre des Lagerlebens entronnen, auf Kosten unseres Werkes einige Monate verschnaufen konnten.

Kurz entschlossen gab ich Pietro Modesto die Vollmacht, alles in St. Florian zu regeln und mit dem Bischof von Klagenfurt in Verbindung zu treten, um dessen Segen und Gutheißung für die Einrichtung des „Noviziats" zu erbitten. Am 6. Januar erhielt ich telegrafisch Nachricht, daß der Bischof einverstanden sei. Somit hatten wir einen Bischof und ein Winterquartier.

Am 7. Januar rief ich Franz an, einen der besten Kandidaten, ohne den ich dieses abenteuerliche Unternehmen nicht beginnen wollte. Ich fragte ihn, ob er bereit sei, im Februar Baubruder zu werden. Franz wartete schon zwei Jahre auf den Start unseres Instituts, konnte sich aber als verantwortlicher Leiter eines Knabenheims nicht von heute auf morgen von seinen Verpflichtungen lösen. Zuerst mußte er einen Nachfolger finden, der für seine Jungen sorgen würde. Er bat sich also einige Monate Aufschub aus. Ich drängte, daß er *sofort* mitkommen solle, und sagte ihm geradeheraus, daß die Gründung ohne ihn nicht stattfinden würde. Franz versicherte mir, daß er auf eine solche kurze Frist hin keine Zusage geben könne, und kündigte an, daß er mir am selben Abend noch einen ausführlichen Brief schreiben würde, um mir seine Gründe darzulegen.

Dennoch ging ich am 8. Januar zu dem Nachfolger des 1953 verstorbenen Abtes Stalmans, um ihn zu bitten, einen Mitbruder als geistlichen Leiter der Neugründung freizugeben.

Der Abt guckte leicht erstaunt, als ich ihm meine Pläne über das Säkularinstitut des SIBO darlegte. Begreiflicherweise konnte er sich schwer vorstellen, daß dieser bettelnde Speckpater auch noch die Berufung zum „Ordensgründer“ hätte. Aber er hörte mir ziemlich geduldig zu, als ich ihm erzählte, wie es zu diesen Plänen gekommen war und was sich seit dem 2. Januar ereignet hatte. Kaum merklich lächelte er, als ich ihm mitteilte, daß Franz, der unentbehrliche Mann mit den Führerqualitäten, vermutlich nicht mitmachen würde. Und er sprach: „Du hast vier Voraussetzungen zur Bedingung deiner Gründung gemacht, und du darfst nur dann anfangen, wenn alle Bedingungen erfüllt sind. Wenn der Franz mitmacht, gebe ich dir aus der Abtei einen geistlichen Leiter, so daß du die erste Gruppe der Baubrüder im Februar nach St. Florian schicken kannst. Aber wenn der Franz *nicht* mitmacht, bekommst du auch keinen Novizenmeister, und du sollst dir dann deine Gründungspläne ein für allemal aus dem Kopf schlagen, weil die vier Bedingungen eben nicht erfüllt sind und das Zeichen des Himmels, worauf du wartest, ausgeblieben ist!“ Es war eine klare Entscheidung, die angesichts des Telefongesprächs mit Franz faktisch negativ zu sein schien.

Am nächsten Morgen, dem 9. Januar, kam als eines der erstaunlichsten Ereignisse, die ich je erlebt habe, der Brief von Franz:

„Unmittelbar nach unserem Telefongespräch besuchte mich ein alter Freund, den ich sechs Jahre lang nicht mehr gesehen hatte. Er war früher, genau wie ich, Leiter eines Knabenheimes und fragte, ob ich ihn nicht irgendwo empfehlen könne, da er momentan keine Arbeit habe. Ich habe ihm meine eigene Stelle abgetreten, so daß ich frei bin, um im Februar Baubruder zu werden. Ich bringe noch einen anderen Kandidaten mit!“

Triumph! Sofort ging ich mit diesem Brief zum Abt, der noch erstaunter als gestern aussah. Er schüttelte den Kopf, aber

hielt Wort und gab mir den erbetenen geistlichen Leiter. Innerhalb einer Woche hatten wir ein Winterquartier, einen Bischof, Franz und einen Novizenmeister. Durch das Sturmgebet eines verborgenen Klarissenkonvents wurden vom 2. bis 9. Januar die vier Voraussetzungen erfüllt. Ich hatte grünes Licht für das Abenteuer von St. Florian.
Im Februar sind die sechs ersten Baubrüder unter Leitung meines eigenen früheren Novizenmeister nach Österreich gefahren. Hoch in den Bergen, in Kälte und Schnee haben sie gebetet, gearbeitet und um ihre Berufung gekämpft. Sie erhielten geistliche Lektionen und haben mit Hilfe eines uralten Plattenspielers Deutsch gelernt. Sie haben die Kirche restauriert und das Haus für die Feriengäste bewohnbar gemacht. Sie haben im Bauernhof geholfen. Und sie haben 150 Bäume gefällt . . . im falschen Wald! Aus Versehen! Aber da der Herrgott nicht geizig mit seinem Segen ist, hat der Besitzer uns die Bäume geschenkt. Mit dem Ertrag konnten wir alle Unkosten für das erste Winterquartier decken.
Schon lange steht in der Nähe von Hannover das einfache Klarissenklösterchen, von den Baubrüdern gebaut, als eine Burg des Gebets und als eine Erinnerung an die wunderbare Woche vom 2. bis 9. Januar 1956, der das SIBO sein Entstehen verdankt.

In jener Nacht ist Yussef gestorben

Ich war für unser Werk im Heiligen Land, im Land, wo Hügel, Wege und Dörfer von den Spuren des Heilands gezeichnet sind, wo Jesus und Seine heilige Mutter gelächelt und geweint haben. Dürrer Weinberg, wo Gott in Not war

und wo die Kirche auch jetzt noch das Leiden und den Tod des Gekreuzigten in ihren Gliedern trägt. Ziel von Pilgern und Büßern seit mehr als 1900 Jahren. Land des heiligen und sündigen Abenteuers der Kreuzzüge. Land des jungen Israels, das, beladen mit Segen und Fluch der modernen Kultur, endlich aus der Zerstreuung in das verheißene Land seiner Väter zurückkehrte.
In dieses Land kommen viele jüdische Flüchtlinge, Geschäftsleute und Touristen, aber nur wenige Pilger. Hier wird unglaublich schwer gearbeitet und selten gebetet. Die langhaarigen extrem-orthodoxen Juden mit ihren verwilderten Bärten und schwarzen Kaftanen sind hier fast ein Anachronismus und haben kaum religiösen Einfluß auf die stahlharte Jugend, die Israel baut. Von hier sind die letzten Propheten schon lange geflüchtet, wie Jonas einst in Joppe das Schiff bestieg, um vor dem Befehl des Herrn zu fliehen.
Bei dieser Stadt Joppe, die jetzt Tel Aviv heißt, landete in einer schwülen Julinacht des Jahres 1957 das Flugzeug, das mich via Frankfurt-Athen in zehn Stunden von Brüssel nach Palästina brachte. Hinter uns lag das Meer, tagsüber tiefblau und jetzt wie gehämmertes Silber im Licht des Mondes. Sehr weit, unsichtbar für das Auge, schwammen die Inseln, die wir überflogen hatten: bizarre Seeungeheuer, deren gekrümmte graubraune Rücken voller Runzeln und Furchen drohend aus dem Wasser emporragten. Und vor uns lag das Heilige Land warm und fest unter unseren Füßen, die sich nach einem Sprung von dreitausend Kilometern wieder an die Erde gewöhnen mußten.
Ich war ebensowenig wie meine Mitreisenden als Pilger gekommen. Nur fünf Nächte und vier Tage – 104 Stunden – hatte ich Zeit für Israel. In Jerusalem war ich nicht, und ich habe nur wenige Heiligtümer besuchen können. Ich durfte die Messe in der Grotte von Nazareth zelebrieren, wo der Engel des Herrn Maria die Botschaft brachte und das Wort Fleisch geworden ist. In den ockerbraunen Ruinen, wo einst

die Synagoge von Kapharnaum stand, habe ich bei Johannes die eucharistischen Verheißungen wieder gelesen, die Jesus an dieser selben Stelle vor einem ungläubigen Volk ausgesprochen hat. Aus der hohlen Hand habe ich Wasser aus dem See Genezareth getrunken, dessen Ufer und gekräuselte Gewässer die Füße des Herrn berührt haben. Und nur aus der Ferne habe ich den Hügel der wunderbaren Brotvermehrung, den Berg der Seligpreisungen und den Tabor von Jesu Verklärung gesehen. Das war alles, was ich als persönliches Erlebnis und gesegnetes Andenken an Palästina nebenbei mitnehmen konnte.

Denn ich war nicht als Pilger gekommen, um den Spuren des historischen Christus zu folgen und sie zu verehren. Man hatte mich gerufen, um hier den leidenden Christus von heute zu entdecken, der auch in den Ländern des Vorderen Orients geschlagen und erniedrigt wird in Hunderttausenden arabischer Flüchtlinge und in den achtzehntausend arabisch sprechenden Katholiken, die als letzte Nachkommen einer von den Aposteln getauften Christenheit das Land Jesu bewohnen. Es war meine Aufgabe zu untersuchen, auf welche Weise wir diesen armen Brüdern Trost und Hilfe verschaffen könnten.

Der Kardinal von Mecheln hatte mich auf Bitten des Erzbischofs von Haifa gebeten, eine Hilfsaktion für die Flüchtlinge und die bedrohte arabische Christenheit in Galiläa zu organisieren. Jetzt zog ich mit Msgr. Hakim kreuz und quer durch das glühendheiße Land. Ich besuchte unsere Glaubensbrüder in Haifa, Nazareth und Akko. Ich besichtigte die Trümmer der katholischen Dörfer. Ich weilte in den Hütten und Zelten der arabischen Minderheit.

Im Vorderen Orient leben 420 000 arabische Flüchtlinge, Opfer des Palästinakonfliktes zwischen Israel und den Ländern des arabischen Blocks. Als nach dem Abzug der englischen Mandatsmacht im Jahre 1948 die jüdische Einwohnerschaft den Staat Israel ausrief, geriet die arabische

Bild 17: Der stolze Wagenpark der Kapellenwagen und „Fahrzeuge für Gott“ bei einer „Sendungsfeier“ auf dem Königsteiner Kasernenplatz.

Bild 18: Kardinal Frings weiht die ersten 70 „Fahrzeuge für Gott“, die flämische Studenten und Jugendorganisationen den Rucksackpriestern zur Verfügung stellten.

Bild 19: Eine »Festung für Gott«: Redemptoristenkloster Steterburg in Salzgitter-Thiede, eine der zwölf von der Ostpriesterhilfe erbauten Zentralen der außerordentlichen Seelsorge in den Flüchtlingsgebieten.

Bild 20: Richtfest in Waldkappel. Der von Pater Werenfried gegründete Bauorden baute unzählige Kirchen für Gott und Wohnungen für die Obdachlosen in den Notstandsgebieten des Gottesreiches.

Bild 21: Brüssel, Oktober 1956: Gebetsaktion vor osteuropäischen Botschaften während des ungarischen Volksaufstandes.

Bild 22: Ungarns Primas, Kardinal Mindszenty, nach seiner Befreiung während des Aufstandes am 1. November 1956.

Bild 23: Nächtliche Bitt-Prozession der katholischen Studenten in Löwen während der brutalen Niederschlagung des Aufstandes.

Bild 24: Mehr als 2000 Studenten der Katholischen Universität Löwen spendeten Blut für Verwundete in Ungarn. Flämische Studenten bringen ihre Sachspenden zum Wagen der Ostpriesterhilfe.

Bevölkerung in Israel in eine schreckliche Situation. „Verlaßt eure Wohnungen“, riefen die Sender der umliegenden arabischen Staaten; „wir werden die Juden ins Meer treiben.“ – „Araber, bleibt!“ verkündeten die Sender des neuen Staates Israel. Die meisten Araber verließen ihre Heimat, um bald – wie sie glaubten – wiederzukommen. Aber sie kamen nicht wieder und mußten in den Lagern bleiben. In jedem Massenlager leben Zehntausende von Menschen. Jedes Jahr werden Tausende von Lagerkindern geboren. Man zieht einfach den Stacheldraht etwas weiter . . . und die Militärgouverneure sorgen schon dafür, daß keine Revolution ausbricht! Im Land, wo Christus das große Gesetz der Nächstenliebe proklamierte, leben diese Entwurzelten, für die das Gesetz der Liebe ein toter Buchstabe blieb. Denen, die zurückblieben, ging es aber oft nicht besser. Ihre Dörfer gerieten in die Kampflinien des jüdisch-arabischen Krieges. Schließlich mußten auch sie fliehen oder wurden evakuiert. Unter ihnen viele der achtzehntausend arabischen Katholiken.
Es hat keinen Sinn, hier von Schuld und Verantwortung zu sprechen. Es ist so begreiflich, daß sich das unmenschlich gefolterte jüdische Volk nach einem eigenen Vaterland sehnte. Und es ist so selbstverständlich, daß sich die uralte Bevölkerung, die hier wohnte, gegen die Neulinge wehrte. Hier mußten notwendigerweise Spannungen entstehen zwischen jung und alt, zwischen rückständiger Trägheit und vitalem Fortschritt. Die patriarchalische Bevölkerung wird jetzt plötzlich mit dem Materialismus konfrontiert, den viele Juden aus *unserer* heidnischen Welt mitgebracht haben. Die Abtreibung ist offiziell genehmigt. Mädchen, die gleich Maria in ihrem Dorf lebten, müssen aus Armut in der Stadt arbeiten. Dort verkommen sie geistig und sittlich in einem Milieu, dem sie nicht gewachsen sind. Und die Israelis, überall umringt von der Drohung der arabischen Staaten, sind es ihrem Erhaltungstrieb wohl schuldig, auf der Hut zu sein vor der arabi-

schen Minderheit in dem Land, das sie Bauern und Hirten abkauften, um endlich Frieden zu finden!
Ja, ich habe Verständnis für die lebensgefährliche Position des jüdischen Volkes; für seine fieberhaften Anstrengungen, um die vielen, die jetzt nicht mehr aus zwölf Stämmen, aber aus hundert Ländern zurückgekehrt sind, zu einer Einheit von Sprache und Sitten und zu *einer* Nation mit *einem* Ziel zusammenzuschweißen. Ich begreife, daß dieses Volk, das selbst so selten Barmherzigkeit und Güte erfuhr, es jetzt ablehnt, sich durch Gefühle, die ihm sentimental dünken, aufhalten zu lassen. Ich bin nicht gekommen, um über die Juden zu urteilen, sondern um den Flüchtlingen und Unterdrückten zu helfen!
Einer von ihnen war Yussef, der in der Nacht, nachdem ich bei ihm war, gestorben ist. Mit der *Doctora*, der Ärztin aus Nimwegen, die mich umherführte durch das Gebiet, wo sie wie eine Heldin arbeitet, besuchte ich das Dorf Mizra. Hier wohnen 360 arbeitslose arabische Flüchtlinge ohne Unterstützung in Hütten von Blech und Reisigbündeln. Ein kleiner Junge kam gelaufen, uns zu einem sterbenden Mann zu rufen. Yussef lag auf einem Haufen Lumpen. Schwer ging sein Atem. Er war schon zwei Tage lang ohne Bewußtsein. Die alte Tamara schwenkte einen dürren Strohwisch über sein gelbes Gesicht. Nicht, um ihm ein wenig Kühle zuzufächeln, sondern um die Fliegen zu verjagen, die in dem offenen Mund zwischen den Zähnen und in der Nase des Sterbenden wimmelten.
Mit weinerlicher Stimme erzählte Tamara, Yussefs Frau, die Geschichte der Krankheit. Die kleine arabische Schwester Asma, die uns begleitete, übersetzt hier und da ein Wort für die Doctora. Diese hört geduldig zu und untersucht den Sterbenden mit einer imponierenden Ruhe, die vollkommen vergessen macht, in welch unmöglichen Verhältnissen sie ihre Arbeit verrichten muß. Sie kann nicht mehr helfen. Ihr kleines Krankenhaus in Haifa ist überfüllt, und in den jüdischen

Krankenhäusern gibt es für Araber selten Platz. Yussef ist nicht mehr zu retten.
Die alte Frau bittet mich um ein Gebet für den Sterbenden. Ich bete in meiner Muttersprache ein Ave zur Lieben Frau von Flandern und gebe die Absolution.
Schweigend verließen wir die Hütte.
In jener Nacht ist Yussef gestorben, ohne das Bewußtsein wiedererlangt zu haben. Abuna Nicolas, der fromme Priester mit dem weißen Bart, den wir aus einem anderen Dorf holten, hat mit der alten Tamara bei ihm gewacht, bis der Vollmond über dem Hermon stand und der Herzschlag Yussefs stockte. So starb Yussef vor Heimweh und Elend im Dorf Mizra.
Einst war er der reichste Mann der Gegend. Vor neun Jahren kamen die jungen Soldaten Israels in sein Dorf Bassa an der libanesischen Grenze. Das Dorf mußte für zehn Tage geräumt werden. Danach würde es den Bewohnern wieder erlaubt sein, zu ihren primitiven Häusern, ihren Äckern und Herden zurückzukehren. Die zehn Tage wurden zu neun Jahren. Bassa wurde eingeebnet und das Land den jüdischen Emigranten gegeben, die drüben an der anderen Straßenseite einen *Kibbuz* (Gemeinschaftssiedlung) gründeten. Dort wird fieberhaft am Aufbau des neuen Israel gearbeitet. Aber Yussef ist daran gestorben . . .
Es gibt viele Yussefs in Israel. Und was mit dem Dorf Bassa geschah, ist an vielen Stellen geschehen. Ich habe Hikrit und Malul besucht, in denen nur noch die Kirchen übriggeblieben sind. Und in Mujaidel habe ich gesehen, wie die letzten Spuren der arabischen Häuser von Bulldozern beseitigt wurden. Auch hier blieben die orthodoxen und katholischen Kirchen erhalten, denn die Regierung möchte nicht den Anschein einer Religionsverfolgung erwecken. Neben dem früheren Dorf stehen die Holzhäuser und Baracken der Juden, die das Land bebauen. So habe ich in Galiläa sechs katholische Kirchen ohne Dorf und ohne Gläubige gesehen. Und

die evakuierten Gläubigen leben zusammengepfercht in *Bidonvilles*, Blechbüchsen-Siedlungen, ohne Kirche ...
Hier ist die Kirche in Not. Das Erzbistum Galiläa zählte 1948 noch 35 000 arabischsprechende Katholiken. 1957 waren es nur noch 18 000. Eine kleine Gemeinschaft, die geradewegs von den ersten Christen abstammt, in diesem Bistum Jesu, Mariä und Josefs. Die Christenverfolgungen der Juden und Römer, mehr als 1200 Jahre muselmanischer und türkischer Greuel, die Stürme der Kreuzzüge und das Blutbad der Drusen 1860 haben diese arabische Christenheit nicht vernichten können. Sie hielt stand. Wenig an der Zahl, aber groß im Glauben und reich an Sitten. Sie war nicht modern. Sie blieb den alten Gepflogenheiten treu und lebte, wie Jesus selber gelebt hat, in diesem kleinen Land, das von Seinen Fußspuren gezeichnet ist. 18 000 Katholiken des orientalischen Ritus, fromme und tiefgläubige Melchiten, lebendige Tempel Jesu Christi, die unendlich viel wertvoller sind als die steinernen Heiligtümer, von denen dieses untreue Land übersät ist und wo Türken, Griechen, Lateiner, Kopten, Juden und Aramäer seit Jahrhunderten wegen ein paar Quadratmetern Kirchenpflaster und der Einnahmen an den heiligen Stätten miteinander kämpfen. Diese heiligen Stätten ziehen Touristen und ausländische Devisen nach Israel. Deshalb werden sie von der Regierung geschützt und restauriert. Aber wenn das Ausland nicht hilft, wird der letzte Rest der katholischen Kirche in Palästina zugrunde gehen. Und ohne lebendige Christen haben auch die heiligsten Stätten keinen Sinn und keine Bedeutung mehr.
Nach meiner Reise haben 18 000 Christen die liebevolle Teilnahme der Weltkirche erfahren. Durch eine umfangreiche Altwarensammlung hat unser Werk die Million zusammengebracht, die die ringende Kirche in Palästina brauchte. Aber für Yussef kam unsere Hilfe zu spät.

Greuel in Asien (1959)

Ich bin aus dem Fernen Osten zurückgekommen, wo ich die Länder der großen Not besuchte, um zu sehen, was die Ostpriesterhilfe dort für die Flüchtlinge tun kann. Was ich gesehen habe, war so furchtbar, daß ich es mein Leben nicht mehr vergessen werde.

Ich war in Seoul und in den trostlosen Flüchtlingsgebieten von Süd-Korea, wo vier Millionen aus dem von den Kommunisten beherrschten Norden untergebracht sind. Es gibt keine Industrie und keine Wohngelegenheit. Die Menschen sind arbeitslos, unterernährt und entmutigt. Dort habe ich den grauenhaften Namsanberg bestiegen, der mit Krusten von Hütten und Elendsquartieren überdeckt ist. Kleine Hütten von 7 bis 10 cbm Inhalt. Sie sind aus Blech, Papier, Pappe, Latten und Zeltplanfetzen zusammengestückelt. Nur gebückt oder sitzend kann man hinein. In jeder Hütte wohnen fünf bis zehn nordkoreanische Flüchtlinge. Sie schlafen am Boden, im Winter wie im Sommer. Sie sind schlecht gekleidet. Es gibt kein Wasser und keine Toiletten. Das Wasser muß man kilometerweit in Blechbüchsen holen. Es gibt kein elektrisches Licht. Gekocht wird auf offenem Feuer ... wenn man etwas zu kochen hat!

Ich besuchte eine solche Hütte, so klein und erbärmlich, daß bei uns der Tierschutzverein protestieren würde, wenn man sie als Ziegenstall verwenden wollte. Vor dem Türchen, 75 cm hoch, standen drei Paar Schuhe. Die Koreaner schlafen auf dem Fußboden, der mit gefirnistem Papier beklebt ist, und deshalb ziehen sie ihre Schuhe aus, bevor sie hineinkriechen. Drei Paar Schuhe vor einem als untauglich erklärten Ziegenstall! Es schien mir unmöglich, daß dort drei Menschen wohnen könnten. Als ich hineinkroch, fand ich nicht drei, sondern sechs Bewohner. Die anderen drei hatten keine Schuhe!

Ich war auch bei den kleinen Lumpensammlern. Davon gibt

es 70 000 in Süd-Korea: von zu Hause davongelaufene Jungen, Waisen und Findlinge, die sich in Gruppen von 50–60 unter einem Häuptling zusammengeschlossen haben. Die Älteren suchen den Straßen entlang nach Altpapier und Lumpen; die Jüngeren betteln bei den Amerikanern und in den Restaurants Speisereste zusammen, oder sie stehlen, damit die Horde nicht verhungert. Ich fand 57 solcher Jungen im Kohlenkeller einer zerstörten Fabrik. Sie sind die unterste Schicht der koreanischen Gesellschaft und werden nicht mehr als Menschen betrachtet. Deshalb bekommen sie auch keine Kennkarte. In einer Ecke des Kellers sah ich an der Wand ein Kruzifix und ein paar Heiligenbilder. Es stellte sich heraus, daß einige Laienapostel Kontakt mit diesen Kerls hatten. Schon zwanzig von ihnen sind getauft. Diese Bekehrung hat aber bittere Folgen. Die kleinen Betteljungen dürfen jetzt nicht mehr stehlen. So leben sie in noch größerer Armut als vor ihrer Taufe. Von ihrem Gruppenchef werden sie in Waisenhäuser geschickt, damit sie nicht auf der Straße verkommen und so wenigstens lesen und schreiben lernen. Diesen Flüchtlingsjungen habe ich Hilfe versprochen.

Gott sei Dank wird in Seoul auch geholfen. Ich begegnete dort vier tapferen Frauen. Sie gehören zu den „Auxiliaires Féminines Internationales", die ihre Zentrale in Brüssel haben. Eine Italienerin, eine Koreanerin, ein Mädchen aus Kanada und eine Deutsche. Sie leben genauso arm und primitiv wie die Koreaner selbst. Sie schlafen am Boden eines alten Holzhauses, das nicht geheizt werden kann und wovon die Hälfte schon zusammengestürzt ist. Auf dem Dachboden habe ich die hl. Messe zelebriert. Wenn ich niederkniete, wackelten die Wände. Das ganze Haus ist vollgepfropft mit Studentinnen, Flüchtlingsmädchen aus Nord-Korea, die zu Tausenden nach Seoul strömen, um dort zu studieren.

In Seoul gibt es sieben Universitäten. Aber die Studenten haben kein Geld, keine Arbeit. Zu essen gibt es nur das, was die Amerikaner verteilen. Viele Mädchen sehen keinen anderen

Ausweg, als sich den amerikanischen Soldaten zum Kauf anzubieten. So können sie zwar studieren, aber am Ende steht oft der Selbstmord. Deshalb teilen diese Laienhelferinnen ihr unbewohnbares Haus mit Dutzenden koreanischer Mädchen. Auch hier habe ich im Namen der Ostpriesterhilfe versprochen, beim Bau eines neuen Studentinnenheimes zu helfen.

Ich war auch in Hongkong, in der herrlich gelegenen Hafenstadt, von einem Kranz paradiesischer Inseln umgeben. Sie ist das einzige Tor Chinas zur freien Welt. In dieser Stadt ohne Hinterland drängen sich anderthalb Millionen Flüchtlinge. Seit Kriegsende hat sich die Bevölkerung versechsfacht. Es gibt keinen Raum für diese Massen. Die Regierung arbeitet fieberhaft, diesen kleinen Brückenkopf der Freiheit zu erweitern. Ganze Berge werden abgetragen und ins Meer geschüttet, um Raum für Häuser zu gewinnen. Ein Betonblock neben dem andern schießt auf dem Neuland empor. Sieben Stockwerke hoch. Acht Quadratmeter für jede Familie – durchschnittlich acht Personen. Jeder Stock hat einen Wasserhahn und zwei Toiletten. Viertausend Menschen wohnen in jedem Betonblock: 350 000 sind in diesen grauen Wohnfabriken untergebracht. Man könnte weinen über die unzähligen chinesischen Kinder, die von Blumen und Tieren nur träumen dürfen!

Über den Dächern Hongkongs ist eine neue Stadt entstanden. 300 000 Flüchtlinge haben unter Bretterverschlägen, Zeltplanen und in unsagbar primitiven Hütten auf den flachen Dächern der Häuser ein armseliges Unterkommen gefunden. 300 000 andere wurden in uralten Dschunken, Ruderbooten und morschen Kähnen untergebracht. Sie hausen mit den Ratten im stinkenden, brackigen Wasser. Und an den steilen Bergabhängen, in Höhlen und Gängen und Amphitheatern von improvisierten Hütten haben sich in ihrer Verzweiflung weitere 600 000 Flüchtlinge festgeklammert.

In Saigon begegnete ich dem Aussatz. 200 000 Lepröse, von

denen nur 2000 in ärztlicher Behandlung sind. In ganz Süd-Vietnam gibt es für 20 Millionen Menschen nur 400 Ärzte. Die Kranken sehen scheußlich aus. Ich sah eine Frau, die kein Gesicht mehr hatte. Anstelle des Mundes und der Nase schwarze Löcher. Sie war blind. Zwei kleine Armstümpfe streckte sie mir hilflos entgegen, und ein heiseres Krächzen kam aus ihrer zerstörten Kehle. Ich sah welche, die auf den Resten ihrer Hände und Füße herumkrochen. Einer hüpfte auf einem Bein hinter mir her, indem er immer dieselben unverständlichen Laute ausstieß. Und einem bildhübschen Mädchen, zwölf Jahre alt, mit großen freundlichen Augen, war der rechte Fuß schon von der Lepra weggefressen.
So sah ich ganze Scharen von Menschen, die von dieser entsetzlichen Krankheit gezeichnet sind. Unkenntliche Fleischklumpen, die mit einem einzigen Dollar hätten gerettet werden können. Denn ein Dollar genügt für die wenigen Spritzen, die die Krankheit im Anfangsstadium heilen können. Aber unsere wahnsinnige Welt investiert ihr Kapital lieber in Atombomben, Sputniks und Düsenjäger und läßt den Menschen, den König der Schöpfung, dem Gott die Erde anvertraut hat, auf den Misthaufen Asiens verfaulen.
Und in der Nähe von Saigon besuchte ich das „Dorf der Freiheit", wo ein alter Chinese mir zurief: „Ich habe keinen Sohn und keine Tochter mehr. Deshalb habe ich auch keinen Reis. Ohne Reis kann ich nicht leben, aber ich kann auch nicht sterben!" Er lachte töricht und schwenkte seine Schnapsflasche. Ach, dieses Dorf der Freiheit, in dem chinesische Flüchtlinge untergebracht sind. Es ist gar kein richtiges Dorf, sondern ein gewaltiger Schuppen von unglaublichen Ausmaßen. Am Boden liegt eine Reisstrohmatte neben der anderen. Jede Matte vier Quadratmeter: Bett, Tisch und Haus für eine ganze Familie von durchschnittlich acht Personen. Anderthalb Meter darüber die zweite Etage. Auf einem Boden aus morschen Brettern die gleichen Matten, das gleiche Bild. Wieder anderthalb Meter darüber: dritter Stock –

und so weiter. Tausend entwurzelte Chinesen in einer Mammutscheune mit einem lecken Dach, durch das der Monsun die Regenschauer treibt. Menschliches Treibholz, der roten Flut zwar entronnen, aber gestrandet an den Küsten unserer Lieblosigkeit! Müssen wir nicht fürchten, daß sie eines Tages zum Sprengstoff werden, der unsere ganze satte Welt auseinanderplatzen läßt? Müssen wir nicht unruhig werden ob der grausigen Tatsache, daß Millionen Menschen in den dunkelsten Stunden ihres Lebens die Liebe Christi entbehren müssen, weil wir hart und gleichgültig sind? Wenn wir uns nicht um diese Verzweifelten kümmern, werden andere es tun. Und Gott wird zulassen, daß sie im Zorn unsere Tabernakel zertrümmern und das Ewige Licht in unseren Kirchen auslöschen, weil es für Christus gar keinen Sinn hat, in einem stählernen Panzerschrank zu wohnen, wenn Er nicht im Herzen und Leben derer wohnen darf, die Seinen Namen tragen.

Und dann kam Kalkutta, die glühendheiße Millionenstadt in Indien. Eine Million Obdachlose. Sie wohnen, schlafen und sterben auf der Straße. Hunderttausend andere, meist Flüchtlinge aus Pakistan, wohnen auf dem Bürgersteig. Sie haben dort kleine Hütten gebaut, die sich kilometerweit auf den Trottoirs hinziehen, mit dem Rücken an die Häuserwand gelehnt. Das Dach ist schräg. Die größte Höhe beträgt 1,20 m. An diesen Hundehütten entlang fließt braunes, lehmiges Wasser durch die Gosse. In diesem Wasser waschen sie sich und verrichten ihre Notdurft, und dort spielen die Kinder. Menschen in der Gosse. Entwürdigte Ebenbilder Gottes! Auch hier kein Essen, keine Arbeit, nichts. Von den 400 Millionen Indern sind drei Viertel unterernährt. Nur den heiligen Kühen geht's besser. Man sagt, daß es davon 200 Millionen gibt. Sie gehen unbehelligt durch die Straßen, halten den Verkehr auf, fressen die Gemüseläden leer, dürfen nicht weggejagt und nicht geschlachtet werden. Und das Volk krepiert vor Hunger. Für die Kühe gibt es Altersheime, für die Menschen nicht.

Mutter Teresa kümmert sich um die Menschen und um die Findlinge, die sie morgens aus den Mülleimern holt, und um die Kranken und um die Sterbenden ... Ich habe sie im „Haus der Toten" besucht. Es liegt dicht neben dem Kali-Tempel und diente früher der Tempelprostitution. Jetzt ist es die letzte Zuflucht derer, die in Verlassenheit sterben. „Home for dying destitutes" steht nüchtern und klar auf der Tür. Die Mitschwestern und Helfer der Mutter Teresa gehen durch die Straßen der Stadt, um die Sterbenden aufzulesen. Man legt sie auf Bahren und trägt sie in das Totenhaus. 127 von ihnen fand ich bei meinem Besuch. Eine Bahre neben der andern in sechs langen Reihen. Auf jeder ein Häufchen menschlichen Elends. Ausgemergelte Skelette, von welker Haut überzogen, warten auf den Tod. Schwarze übergroße Augen starren mich brennend an. Aber Mutter Teresa und ihre Helferinnen sind bei ihnen. Vielleicht zum erstenmal in ihrem Leben spüren diese Sterbenden, was selbstlose Liebe ist. Diese Frau, eine albanische Ordensschwester aus Jugoslawien, ist schon 37 Jahre in Indien. Vor ungefähr 15 Jahren gründete sie eine Kongregation, die sich nur um die Ärmsten und am meisten Verlassenen kümmern sollte. Sie zählt jetzt schon 125 Schwestern, von denen sechs Europäerinnen sind. Ein Mädchen aus Freiburg ist auch dabei. Vor vier Jahren hatte ich dort gepredigt. Nach der Andacht kam sie ins Sprechzimmer und sagte, daß sie sich im Dienst der Ärmsten ganz Gott widmen wolle und wohin sie wohl gehen könne. Ich wußte es wirklich nicht. Ich habe ihr versprochen, um Licht zu beten, und riet ihr, die Angelegenheit mit ihrem Beichtvater zu besprechen. Dann werde Gott ihr sicher einen Weg zeigen. Ich habe niemals wieder etwas von ihr gehört. Aber in Kalkutta erkannte ich sie im Haus der Toten wieder, und sie erkannte auch mich. Sie arbeitet dort schon anderthalb Jahre ... In den letzten Jahren wurde hier schon mehr als 12 000 Sterbenden ein wenig Liebe gegeben. Es ist nicht so sehr das Hemd, der Sari, der Napf Reis, sondern vor allem die mütterliche Sorge, die wie ein Wunder ihr Lebensende überstrahlt. In Kalkutta habe ich ein sterbendes Kind im Arm der sechzehnjährigen mohammedanischen Mutter getauft. Ich bin ja nicht nur ein Bettler, sondern auch ein Priester, der froh ist, wenn er mal ein Kind taufen kann. Niemand hat es gemerkt. Ich gab ihm den Namen Werenfried. Zehn Minuten später war der kleine Werenfried tot. Als die Männer kamen, um es wegzuholen, ging ich mit. Wir kamen auf einen umzäunten Platz in der Nähe des Kali-Tempels. In den siebzehn Gruben im Boden brannten Holzscheite. Für jede Leiche muß man für 40 Rupien Holz kaufen. Wer reich ist, kauft noch eine Kanne Petroleum dazu – dann geht's schneller. Ohne Petroleum dauert es im Durchschnitt drei Stunden.

Das Kind wurde zu den andern Toten auf den Boden gelegt, bis eine Grube frei war. Gerade warf man einen Mann ins Feuer, der unter die Straßenbahn gekommen war. Die Angehörigen warteten geduldig und unterhielten sich. Kinder spielten mit übriggebliebenen Knochen. Eine heilige Kuh spazierte zwischen den brennenden Gruben und schnüffelte am toten Kind. Dann und wann ein dumpfer Knall: das sind die Schädel, die explodieren. Jedesmal, wenn eine Leiche fertig ist, wird die Asche in einen Topf gesammelt und zehn Meter weiter in den Fluß geschüttet, wo Kinder im Wasser planschen und mit Schlamm und Asche spielen ...

In dieser makabren Szene ist der Mensch nur noch ein Fetzen Fleisch, ein Stück Knochen, ein Häufchen Asche. Mehr nicht. Wie kommt es, daß dieses Volk nach vier Jahrhunderten Kontakt mit dem Christentum noch immer nicht christlich ist? Das kommt daher, weil wir Christen es auf fürchterliche Weise an der wahren Liebe und brüderlichen Hilfsbereitschaft haben fehlen lassen. Vor allem die christlichen Völker, die jahrhundertelang als kolonisierende Mächte die Verantwortung für die Entwicklung, die Erziehung und die religiöse Formung der sogenannten unterentwickelten Länder hatten. Ich weiß wohl, daß wir nicht persönlich für die Sünden unserer Väter verantwortlich sind. Aber bestimmt sind wir heute persönlich verantwortlich für den Samariterdienst, den unsere toten Vorfahren aus dem Kolonialzeitalter sowieso nicht mehr leisten können.

Ich war in Ländern, wo die Ratten krepieren würden, wenn sie nicht mehr zu fressen hätten als die Menschen. Irgendwo habe ich gelesen, daß es Gebiete gibt, in denen von tausend Kindern 450 im ersten Lebensjahr sterben, weil sie nichts zu essen haben. Angeblich bekommen die Papageien von New York im Fernsehen Sprachunterricht, aber es gibt heute 600 Millionen Kinder auf der Welt ohne Schulen, ohne Lehrer. Sie müssen ihr ganzes Leben Analphabeten bleiben. In bestimmten Gegenden wird die Hälfte der Bevölkerung nicht einmal 15 Jahre alt. Zwei Drittel der Menschheit leiden Hunger. Morgen kommt der Müllkarren zu uns, um die Speisereste abzuholen. In Kalkutta kommt morgen der Müllkarren, um die Leichen derer wegzuräumen, die diese Nacht auf der Straße vor Hunger und Elend umkommen werden. Und wenn dort ein Hund überfahren wird, raufen sich die Kinder, um einen Fetzen Fleisch oder einen Knochen zwischen die Zähne zu kriegen. Das ist dic harte Wirklichkeit, vor der wir unsere Augen nicht verschließen dürfen.

Ich arbeite jetzt mehr als vierzig Jahre für die Ostpriesterhilfe. In diesen Jahren habe ich furchtbar viel Not und Elend gesehen. Aber so etwas hatte ich noch nie erlebt. Ich glaube verpflichtet zu sein, dies hier niederzuschreiben. Ich weiß auch nicht, wie es noch in Ordnung gebracht werden kann. Ich weiß nur, daß wir alles tun müssen, was wir können. Alles. Und daß auch unser Werk hier eine Aufgabe hat – weil dies irgendwie etwas zu tun hat mit Flüchtlingen oder mit Kirche in Not oder weil dieses Elend unausweichlich zur Glaubensverfolgung führt oder weil über die Zukunft des Kommunismus und folglich des Christentums in den Ländern entschieden wird, von denen ich hier schreibe.

Es steht ein tragisches Wort in der Hl. Schrift: „Er kam in Sein Eigentum, aber die Seinen nahmen Ihn nicht auf!" Kein Platz für Ihn, weil die „Seinen" keine Liebe hatten. Hier ist die dunkle Wurzel aller Kriege, aller Verwüstung, allen Unrechts und aller Verwirrung. Ohne Christus geht alles schief, weil Er das Haupt ist, das die ganze Menschheit lenken muß. Und Christus ist nur dort, wo die Liebe ist.
Lassen wir denn in Gottes Namen die Liebe neu erblühen, die Ihm Türen und Herzen öffnet. Wir Menschen gehören alle zusammen. Alle. Auch die primitivsten Völker in den Entwicklungsländern und die anderthalb Milliarden Hungerleidenden in unserer Welt. Das Findelkind im Mülleimer und die weinende Mutter des kleinen Werenfried, den ich getauft habe. Der alte Chinese mit seiner Schnapsflasche und der Flüchtling auf seiner Dschunke in Hongkong. Die lernbegierigen Mädchen von Korea, die vor Hunger mit den Amerikanern schlafen müssen, und die kleinen Lumpensammler, die nicht mehr stehlen wollen. Sie alle gehören zu uns, und wir gehören zu ihnen. Wir müssen einander lieben und helfen, so wie St. Martin. Er ritt auf seinem Pferd. Ein Bettler schrie um Hilfe. Aber Martin hatte nichts mehr. Da nahm er seinen Mantel, schnitt ihn entzwei und gab die Hälfte dem Armen. Die Hälfte, lieber Leser! Und jener Arme war Christus. Jeder Arme ist Christus.

Der Sprung über den Vorhang

Im Jahre 1952 veranstaltete die Ostpriesterhilfe in Königstein den zweiten Kongreß „Kirche in Not". 150 Verteter aus 18 verschiedenen Völkern berieten hier über die Lage der verfolgten Kirche hinter dem Eisernen Vorhang und erörterten Möglichkeiten, jetzt und später den Märtyrern der jüngsten Kirchengeschichte Trost und Hilfe zu bieten.
Es wurde ein Höhepunkt in der Entwicklung unseres Werkes. Ein Kardinal, fünf Bischöfe, vier Äbte und zahlreiche Jurisdiktionsträger der osteuropäischen Völker nahmen an den Besprechungen teil. Der Heilige Vater verlieh seinen speziellen Segen. Viele westeuropäische Bischöfe hatten einen persönlichen Vertreter entsandt. Die wichtigsten Orden waren durch ihre Oberen vertreten, die Organisationen durch ihre Führer, die katholische Wissenschaft durch ihre Spezialisten.
In grundlegenden Vorträgen bekamen die Anwesenden einen historischen Überblick über den Riß zwischen Ost und West, ein atemberaubendes Panorama der verfolgten Kirche und schließlich ein tieferes Verständnis des Wesens der kommunistischen Weltanschauung.
Und dann kam die furchtbare Parade der leidenden Kirche im Osten. Dunkle Rumänen, Kroaten, Tschechen und Slowaken berichteten in fremder Mundart vom Greuel der geistlichen und physischen Verwüstung, die im Heiligtum angerichtet wurde. Ein ungarischer Würdenträger, ein polnischer Monsignore, ein bärtiger russischer Priester und ein grimmiger Ukrainer legten mit stiller Traurigkeit oder leidenschaftlich, jeder nach seiner Art, Zeugnis ab von den geknebelten Hirten und geschlagenen Herden ihrer Länder. Sorgfältig und mit rührender Pietät ordneten sie die blutigen Opfer in langen Reihen zu einer Bilanz von Bitterkeit und Glorie. Die Situation im Niemandsland zwischen Ost und West, in den Sowjetzonen Deutschlands und Österreichs

und in den trostlosen Flüchtlingsgebieten Westeuropas wurde aufs neue überprüft. Durch Herz und Seele schnitten die blutigen Klagelieder aus Albanien und den baltischen Staaten. Ein aus China vertriebener Bischof schloß die düstere Zeugenreihe.
Es waren Tage eines schreckenerregenden Alarms. Wer schämte sich nicht über die Oberflächlichkeit und Gleichgültigkeit Westeuropas, das noch nicht einen Bruchteil dessen vermutete, was sich eine Tagereise weiter abspielte? Wer der Anwesenden hat nicht geschworen, das Unmögliche zu versuchen, um den Westen wissend und tatbereit zu machen in bezug auf dieses tragische Ringen von 60 Millionen verfolgter Katholiken?
Es wurden Pläne für die nächste und fernere Zukunft geschmiedet: die Ostpriesterhilfe wird zu einer Internationale der Liebe erweitert, die sich um alle Völker des Ostens kümmern wird. An Europa wird ein Aufruf ergehen, den Wellenschlag des Gebetes in immer höheren Fluten über den Osten spülen zu lassen. Wir werden neue Anstrengungen unternehmen, um den furchtbaren Verschleiß und das Sterben der verjagten und geflüchteten Priester einzudämmen. Durch Vermittlung dieser Priester aller Nationalitäten werden die osteuropäischen Kirchen in der Emigration die Liebe der westeuropäischen Völker spüren. Durch den Bau von neuen geistlichen Stützpunkten, Klöstern, Kirchen und Seminaren wird die Ostpriesterhilfe versuchen, der ringenden Christenheit im Niemandsland zwischen Ost und West mehr Widerstandsfähigkeit zu geben und mehr Kraft, um dem hungernden Osten die volle Herrlichkeit Christi zu zeigen.
Zum erstenmal wurde hier auch die Gründung des Bauordens besprochen, ein Experiment der Ostpriesterhilfe, um die Wohnungsnot zu bekämpfen.
Und vor allem wurde der feste Vorsatz mit der kühnen apostolischen Idee einer Rechristianisierung Osteuropas gefaßt,

neue Priester aus den Reihen der europäischen Jugend zu rekrutieren. Priester mit einem „Ostherzen“ und einer Missionarsseele, die rechtzeitig bereitstehen müßten, um das geistliche Vakuum dieser heimgesuchten Gebiete zu füllen, wenn Gott die Tür nach Osten für uns öffnen würde.

Dieser Kongreß war ein Wendepunkt für unser Werk. Hier hat die Ostpriesterhilfe die Bojen verlegt. Im Hinblick auf das Wirtschaftswunder gaben wir nunmehr in unserer Hilfsaktion den nichtdeutschen Flüchtlingsgruppen den Vorrang vor den Heimatvertriebenen, deren Probleme ihrer Lösung entgegengingen. Hier machten wir auch zum erstenmal den Sprung über den Eisernen Vorhang und beschlossen endgültig, einen Teil unserer Energie der Vorbereitung einer besseren Zukunft für Osteuropa zu widmen.

Dieser Kongreß war wirklich ein Durchbruch der Katholizität. Hier waren Männer zusammen aus Ost und West, aus Völkern, die einander seit undenklichen Zeiten bekämpft hatten, aber jetzt die furchtbare Kettenreaktion von Schlag und Gegenschlag, von Aug um Aug und Zahn um Zahn unterbrechen wollten. Die über alle nationalen Gegensätze hinweg einander die Hand reichten, den Haß und Jahrhunderte voller Blut und Greuel vergessen wollten, um sich endlich wieder als Brüder zu begegnen in der übernationalen Gemeinschaft der einen Mutterkirche.

In diesem Geist haben alle die ergreifende Gebetsstunde für die Völker der verfolgten Kirche als Höhepunkt des Kongresses empfunden und miterlebt. In 18 Sprachen schlug die Brandung der Gebete an die Küsten von Gottes Ewigkeit. Die blutige Parade der Märtyrer jagte immer wieder ein beschwörendes „Pace, Domine“ zum Himmel hinauf. Und ein kalter Schauer fuhr durch die flehende Menge, als die gemarterte Ukraine und das duldende Rußland in zwanzig ihrer Söhne die Stimme erhoben, wobei Wehklagen und stürmisches Notgeschrei fast kein Ende mehr fanden.

Schweigend sind alle heimgegangen. Das Kreuz Christi

stand hoch gegen den roten Osthimmel, das Kreuz, das ein Zeichen des Sieges ist!
Tief beeindruckt habe ich in jenen Tagen über die Haltung, die die heutige Christenheit gegenüber all diesen Fragen einnehmen muß, nachgedacht. Und ich schrieb:
„Es wird Herbst und Winter. Die Tage werden kurz, und der Himmel verdunkelt sich über einer düsteren Welt. Der Seufzer der Erleichterung, der bei jedem Lächeln des kommunistischen Diktators über die Erde rauscht, beweist, wie sehr wir unter einer fast unerträglichen Angst leben und leiden. Nicht bloß unter der Angst um eigenes Leben, um Hab und Gut und die Zukunft unserer Kinder . . . Nein, in unseren besten Stunden kennen viele von uns auch die Angst um das Gottesreich.
Der Herr hat es zugelassen, daß ganze Kirchenprovinzen überrannt werden. 180 osteuropäische und asiatische Bischöfe sind eingekerkert, verbannt, ohne Nachfolger gestorben, ermordet. Viele Tausende von Priestern und fast doppelt so viele Ordensschwestern verhaftet oder verjagt. Zu Zehntausenden zählt man die Märtyrer, zu Hunderttausenden die stillen Bekenner in den Konzentrationslagern hinter dem Eisernen Vorhang. Sechzig Millionen Katholiken zählt Christi Herde, die den Verfolgern wehrlos ausgeliefert sind. Und Hunderte von Millionen ist die Zahl der unsterblichen Seelen, die durch Betrug, Zwang, Verlockung, Propaganda und mit den raffinierten Mitteln der modernen Psychologie zum Pseudoglauben eines Systems bekehrt wurden, das die Anti-Kirche genannt werden darf. Fast eine Hemisphäre ist randvoll geworden von Tränen, Angst, Unwissenheit, Blut und Verzweiflung.
Gott will, daß auch diese dunkle Hemisphäre, an deren Grenze wir leben, Ihm wieder als Seine Domäne und als unveräußerlicher Besitz zugehört. Mit Sorge und väterlicher Güte gedenkt Er der liebsten Seiner Kinder, die betend, weinend und strauchelnd das gesegnete Kreuz Seines

Sohnes durch Polen und Sibirien und durch alle Länder des Ostens tragen.
Müssen wir nicht erfinderisch und opferbereit, ja sogar listig in unseren Anstrengungen sein, um den blutigen Kreuzweg der verfolgten Kirche zu erleichtern?
Wenn Gott wollte, daß sogar das Tuch der Veronika nach zwanzig Jahrhunderten noch nicht vergessen ist, müssen wir dann nicht alles versuchen, durch einen Wink aus der Ferne, durch einen Blick des Verständnisses, durch ein Wort der Ermutigung, durch eine Geste der helfenden Liebe unserern leidenden Brüdern und Schwestern beizustehen? Und muß nicht ein Sturm der Entrüstung durch unsere Herzen und durch die Parlamente gehen, wenn habgierige Kaufleute durch einen feigen Vertrag der Koexistenz die leidende Kirche für ein paar Handelsverträge und ein wenig falsche Ruhe verschachern wollen?
Gott will, daß diese blutige Hemisphäre, die wenige Kilometer östlich unseres Landes beginnt, aufs neue Ihm zu eigen wird. Darum denkt Er auch mit einer unendlichen Sehnsucht an die Millionen, die dort nicht mehr zu Seiner Herde gehören.
Gedenken auch wir mit wahrer Sorge und Liebe der Asiaten, der Russen, der Kommunisten, die entstellt sind durch koloniale oder despotische Systeme oder die aufwuchsen in dem kalten Schatten einer Welt ohne Liebe? Dürfen wir den Wunsch haben, sie zu vernichten, weil die Sonne der Gnade nicht in ihren Herzen scheint, und müssen wir nicht demütig beten, daß sie einmal das Christentum ernster nehmen, als wir es taten, wir, die jahrhundertelang eine Chance hatten und diese Chance zum größten Teil verpaßt haben? Auch wenn sie uns hassen, wir müssen sie retten, und wir werden dazu nur durch die Überzeugungskraft des lebendigen Christus imstande sein, der ihnen in unserer Gestalt erlösend und befreiend entgegentreten will.
Dieses alte Abendland ist nicht ewig. Alle Zivilisationen ver-

gehen. Vielleicht leben wir auf der Grenze zweier Kulturen. Vielleicht ist es an beiden Seiten des Eisernen Vorhanges die letzte Aufgabe der heutigen Christenheit, in Lebenswandel und Gebet, in Liebe und Opfer, in Unterdrückung und Unfreiheit, in Krankheit und Tod so zu leben und zu sterben, daß die Gestalt Christi sich unentrinnbar erhaben in der heiligen Kirche manifestiert, so daß die Völker der Zukunft zu Ihm hingezogen werden.

Deshalb ist die Begegnung zwischen der Kirche und den meistens irregeführten Anhängern der kommunistischen Pseudo-Religion so wichtig. Während dieser Begegnung, ob sie nun in Freiheit oder in Unterdrückung stattfindet, muß das Christentum so lebendig und strahlend sein, daß die andern dadurch überzeugt werden.

Dieses ist die große Prüfung, die die Christenheit in den kommenden Jahren bestehen muß. Für den guten Ausgang müssen wir fürchten. Die Gefahr liegt darin, daß wir in Oberflächlichkeit und falscher Ruhe versäumen, die geistliche Widerstandskraft der Kirche zu stärken; daß wir unseren Brüdern in der Verfolgung die geistliche, moralische und materielle Unterstützung vorenthalten, die sie von uns erwarten dürfen; daß wir unsere Brüder in der Verbannung durch unsere Gleichgültigkeit und Lieblosigkeit verbittern; daß wir das Böse, das auch im freien Westen Unzähligen angetan wird, nicht durch das Gute überwinden.

In Ost und West leben Millionen Brüder, die Opfer des einen oder anderen Systems sind und die dadurch unglücklich oder verzweifelt wurden. Diese Verzweifelten sind die angeschlagene Vorhut der Kirche. Und dennoch sollten sie nicht bloß der Verlockung des Kommunismus gewachsen sein, sondern vor allem beseelt sein von dem heiligen Feuer der Gnade und der christlichen Überzeugung, mit dem sie die andern entzünden können.

Die Ostpriesterhilfe schaut gen Osten und sieht, wie das dramatische Ringen zwischen Kirche und Anti-Kirche dort schon im Gange ist. Die Kirche in der Verfolgung und die Kirche in der Verbannung schreien um Hilfe. Diese Hilfe will unser Werk nach besten Kräften leisten, indem es die schlummernde Liebe weckt, die Liebe, die alle Völker verbindet, die Liebe, an der man erkennt, daß wir Gottes Kinder sind . . ."

* * *

Seitdem haben wir nicht mehr aufgehört, überall in Europa durch Predigten und Veröffentlichungen das gläubige Volk zu geistlicher und materieller Hilfe für die verfolgte Kirche aufzurufen. Schon jahrelang liegt der Schwerpunkt unserer Aktion hinter dem Eisernen Vorhang. Durch blitzschnelle Initiativen beim Tode Stalins, bei den Aufständen in Berlin, Polen und Ungarn und bei den Kursänderungen Titos gelang es der Ostpriesterhilfe – meist unter fremder Flagge –, sehr große Mengen an Lebensmitteln, Kleidern, Büchern, Medikamenten und anderen Liebesgaben in den Osten zu befördern. Durch eine dauernde Beobachtung der Handelsbeziehungen mit Osteuropa sind uns die Handelsverträge und Paragraphen bekannt, die für unser Ziel wichtig sind. Wir wissen, von welchem Land aus die Versendung zu bestimmten Gebieten im Ostblock die besten Chancen hat. Unsere Transportspezialisten sind imstande, sei es auch auf Umwegen und unzureichend, die Mehrheit der Länder hinter dem Eisernen Vorhang mit Liebesgaben zu versorgen.
Auf meinem Tisch in Tongerlo liegen trostlose Bilder verfallener und zerstörter Kirchen. Beschädigte Dächer, durchschossene Mauern, zerbrochene Fenster, Kirchen hinter dem Eisernen Vorhang. Aber ich erhielt auch die Bilder jener Kirchen, nachdem sie durch die Liebe unserer Wohltäter wiederhergestellt waren. Das war und ist möglich. Die wirtschaftliche Lage in den osteuropäischen Sowjetkolonien ist so schlecht, daß die kommunistischen Machthaber gezwun-

gen sind, für einige ausländische Devisen manche Prinzipien zu verleugnen. So können wir für die Restaurierung kirchlicher Gebäude Dollarbeträge auf bestimmte Konten überweisen mit der Garantie, daß der Gegenwert dieser Summe unseren Glaubensbrüdern hinter dem Eisernen Vorhang in Holz, Ziegelsteinen, Zement, Eisen und Dachziegeln zur Verfügung gestellt wird. Auf diese Weise konnte die Wiederherstellung vieler Gotteshäuser der verfolgten Kirche finanziert werden.

Für theologische Bücher und Breviere sind die Grenzen der meisten roten Satellitenstaaten noch offen. Keine Woche vergeht, in der nicht Hunderte von Büchern durch die Ostpriesterhilfe an vereinsamte Priester, Ordensleute und Seminaristen verschickt werden. Sehr wichtig ist unsere Motorisierungsaktion zugunsten der Seelsorge in Osteuropa. Und wir haben Zehntausende von Anschriften kinderreicher Familien, die mit wertvollen Kleiderpaketen von uns bedacht werden. Die Zahl der verfolgten Christen, die den Trost der Ostpriesterhilfe persönlich erfahren durften, läuft in die Hunderttausende. Bis in Sibirien gibt es Menschen in Not, die unsere Hilfe spüren. Wenn sie auch nicht wissen, daß unsere Organisation dabei die Hand im Spiel hat.

Aus einem unserer Jahresberichte (Ende der fünfziger Jahre) zitiere ich folgende Daten: „In ganz Europa arbeiten unsere Warenlager auf Hochtouren und fertigen Pakete für die Sowjetunion, Polen, Tschechoslowakei, Ungarn, Jugoslawien, Ostdeutschland und Rumänien an. In diese Länder wurden u. a. verschickt: 21 Autos, 89 Motorräder, 10 Fahrräder, 1 Druckerpresse, 38 000 kg Papier, 4 Projektionsapparate, 5 Schreibmaschinen, 11 498 Medikamente nach Rezept, 19 860 Kleiderpakete, 100 000 kg Lebensmittel, 15 300 Pakete mit Süßigkeiten, 8793 theologische Handbücher, 340 vierteilige Breviere, 212 Missale, 197 liturgische Bücher, 500 000 kg Kohlen, Stoff für 350 Priesteranzüge, 127 Garnituren liturgischer Gewänder, 12 Hörapparate, 2 Harmoniken, 1 Lkw, 3482 kg Ersatzteile für Autos und Motorräder, 1 Magnetofonapparat, 2 Waschmaschinen, 1 Hostienbäckerei und 7 Vervielfältigungsapparate ..."

Im Jahre 1962 hat die Ostpriesterhilfe für die Hilfe hinter dem Eisernen Vorhang eine Summe von 2 300 000 Dollar vorgesehen. 1986 waren es 14 448 000 Dollar!

* * *

Viel wichtiger als diese materielle Hilfe, über die wir übrigens nur wenig Auskunft geben dürfen, ist die geistliche Hilfe, die der Westen der verfolgten Kirche schenken muß. Diese geistliche Hilfe besteht aus Gebet, Opfer und Bekehrung nach den Direktiven, die die Gottesmutter uns in Fatima und andernorts gegeben hat. Fatima hängt mit der Bekehrung Rußlands zusammen. Wenn nicht auf die Botschaft von Fatima gehört wird, wird Rußland seine Irrtümer und seinen Terror über die ganze Welt ausbreiten. Wenn wir aber tun, was Maria uns in Fatima aufgetragen hat, wird sich Rußland bekehren. Erst wenn Rußland sich bekehrt, kann Friede werden.

Wir kennen nicht das „dritte Geheimnis". Wir wissen nicht, welche Völker in der Stunde Null zu Staub und Asche vergehen werden. Wehrlos sind wir Gottes Rache und Seiner Barmherzigkeit ausgeliefert. Angst schleicht durch die Konferenzsäle der Diplomaten und durch das bange Denken der Völker. Verkrampft starren die großen Gegner auf ihre Radarschirme, die zittrigen Finger ausgestreckt nach dem fatalen Knopf: ein Druck ... und die vor Angst einschrumpfende Erde verglüht. Wir wissen nicht viel. Luzia, die Seherin, hat vom dritten Geheimnis nur eröffnet, daß es Schmerz und Freude bringen wird. Wir kennen weder Tag noch Stunde. Aber wir wissen, daß Maria nichts anderes beabsichtigt, als auf die Warnungen hinzuweisen, die der Herr Jesus Christus selbst im hl. Evangelium an uns gerichtet hat.

Deshalb ist es die höchste Zeit, daß wir endlich auf diese Mahnungen hören; daß wir reiner leben; daß wir Buße tun und uns bekehren; und daß wir täglich den Rosenkranz beten für die Bekehrung Rußlands.
Die Ostpriesterhilfe hat ausgedehnte Gebetsaktionen für die verfolgte Kirche und für Rußland organisiert. Wissen wir doch aus der Heiligen Schrift, daß der einsame, arme, schwache Mensch, wenn er beten und büßen will, mächtiger ist als die Machthaber dieser Welt. Und warum sollte ich auch dich, Leser dieses Buches, nicht anspornen, wenigstens auf diese Weise teilzunehmen am entscheidenden Kampf, der jetzt gekämpft wird? Blicke zurück in die Geschichte: Jerichos Wälle wurden zermalmt durch die Stärke des Gebetes, und Ninive wurde bewahrt, weil das Volk in Sack und Asche ging. Jericho liegt heute im Kreml, und wir selbst sind die modernen Niniviten, die sich bekehren müssen. Auch du kannst dich dieser Pflicht nicht entziehen!
Bete darum täglich. Bete für die Bekehrung Rußlands. Für alle kommunistischen Irreführer und Irregeführten, die zu willenlosen Werkzeugen des Bösen geworden sind. Bete nicht nur für die Gequälten, sondern auch für die Quäler, die in noch größerer geistlicher Not sind. Suche dir einen aus. Nimm einen aufs Korn. Konzentriere auf ihn das Kreuzfeuer deines Gebetes und deiner Liebe. Flehe Gott Tag und Nacht an, daß dein roter Schützling sich bekehre und lebe. Laß dich nicht durch den großen Mund, die Marschallsuniform oder das freundliche Gesicht eines kommunistischen Diktators irreführen. Gott lacht über ihn! Er ist ein armer Teufel, der dein Gebet für seine Bekehrung braucht. Hab keine Angst vor ihm: Gott verwendet ihn für eine kurze Spanne, um Seine dummen Kinder zu kasteien ... bald entfällt die Geißel wieder Gottes Hand, wie Stalin, Schukow, Malenkow, Berija, Bulganin, Chruschtschow, Breschnew, Hitler und Napoleon gefallen, verschwunden und vergessen sind.

Was hindert dich daran, einen Sowjetminister, ein Mitglied des Zentralkomitees oder den Folterknecht in der Lubjanka mit deinem Gebet zu umzingeln, bis die Mauern des Hochmutes, der Bosheit, des Hasses und der Verblendung fallen? Sieh dir die Karte von Rußland an. Denke mit Sorge an die zweihundert Millionen Menschen, die dort leben. Streiche mit deinen Fingerspitzen über das weite Land: die Wolga, Kiew, Moskau, den Ural, Workuta, Stalingrad, Sibirien. Das heilige Rußland von alters her. Land der Kathedralen und Ikonen. Land Mariens. Land, das Gott geraubt wurde. Wo dein Finger die Karte berührt, sind Seelen in Not. Vielleicht ist dort ein Gefängnis, ein Konzentrationslager, eine Kaserne, eine Kolchose, eine Fabrik, ein Atomzentrum – Gott weiß es –, jedenfalls berührt dein Finger ein Gebiet, wo unterdrückt, terrorisiert, geschlagen, gehungert, gefürchtet, gelitten und gestorben wird. Dein Finger liegt auf dem blutenden Rußland.
Sei ein Samariter! Gieße das Öl deiner Liebe und den Wein deines Gebetes in die klaffenden Wunden. Bete und opfere von nun an für wenigstens eine verirrte Seele um die Kraft zur Bekehrung, für einen Gequälten um die Stärke zum Martyrium. Denn auch dic Märtyrer brauchen Kraft, um nicht vor Angst, Mutlosigkeit, Aufsässigkeit, Selbsterhaltungstrieb das Kreuz niederzuwerfen, das Rußland erlösen muß. In den unermeßlich weiten Gebieten hinter dem Eisernen Vorhang sind Todesangst, Geißelung, Verspottung, Dornenkrönung, Kreuztragung, Verlassenheit und Tod Jesu heute wieder entsetzliche Wirklichkeit geworden. Christus wird nicht mehr im Vorhof des Pilatus verhöhnt, sondern im großen sibirischen Krankenhaus, wo Erzbischof Joseph Slipyj, Metropolit von Lemberg, achtzehn Jahre lang seine konsekrierten Bischofshände bloß dazu gebrauchen durfte, den Kot der Latrinen wegzuräumen. Er wurde Anfang Februar 1963 nach Rom abgeschoben, wo er 1984, 92 Jahre alt, als Verbannter gestorben ist. Von neuem wurde Jesus zu Tode geschlagen

in dem ukrainischen Redemptoristenbischof Nicola Czarneckyj, päpstlicher Visitator für die ruthenischen Katholiken, einem Greis mit eingefallenen Wangen und hohlen Augen, der mit Millionen anderen Sklaven mühsam seinen Kalvarienberg bestieg, bis er nicht unter dem Kreuz, sondern unter der Last des soundsovielten Fünfjahresplanes zusammenbrach. So war es mit Kardinal Aloisius Stepinac, Erzbischof von Zagreb, der nach vierzehn Jahren Gefängnis und Internierung im Bauerndorf Krasic unter strenger Bewachung eines Kommandos von Elitekommunisten gestorben ist. So ist es mit Dutzenden von Bischöfen, Tausenden von Priestern und Ordensschwestern, mit Millionen von Gläubigen, die irgendwo hinter dem Eisernen Vorhang Jesu Kreuz durch diese dunkelsten Jahre des 20. Jahrunderts tragen müssen. Sie alle sind die gequälten, mißhandelten, zerquetschten und zertretenen Glieder Jesu Christi. Durch dein Gebet und Opfer kannst du sie geistlich betreuen, ihnen helfen und sie trösten, wie einst Veronika oder Simon von Zyrene es taten auf dem Kreuzweg von Jerusalem. Laß sie nicht allein. Steh ihnen bei in ihrer bitteren Not, damit sie im Glauben und in der Liebe ausharren und ihr Blut der Same sei eines neuen und christlichen Rußland.

Du, der du dies liest, denke ernsthaft nach. Vergiß deine kleinen Sorgen. Höre auf die Jungfrau von Fatima, die uns dazu gebracht hat, diese Zeilen zu schreiben. Wirf allen Hochmut und alle Selbstsicherheit von dir. Erkenne an, daß kein Staatsmann, kein General, kein Diplomat und keine Atombombe imstande ist, die Welt zu retten. Werde wieder wie ein Kind, das in Todesangst nach seiner Mutter ruft. Geh zu Maria. Sei bereit, das zu tun, was auch immer sie von dir verlangen mag. Bete täglich den Rosenkranz für die Bekehrung Rußlands in einer schrankenlosen Liebe, die Freund und Feind umfängt. Bekehre dich. Tue Buße. Verzichte auf eine Zigarette, ein Glas Wein, einen Kinobesuch. Verzichte auf einen Teil von diesem doch eigentlich überflüssigen Luxus.

Das Geld, das du so einsparst, gehört nicht mehr dir. Es gehört den gequälten Brüdern. Sende es unserem Werk. Wir werden es umsetzen in Hilfe und eintauschen in Trost.
Nimm es mir nicht übel, daß ich dir in Gottes Namen so dringlich ins Gewissen rede. Ich bin kein gewöhnlicher Bettler, sondern ein Priester, der das weinende Antlitz des leidenden Christus hinter dem Elend dieser Zeit erkannt hat. Ein Priester, der fürchten muß, verworfen zu werden, wenn er dir nicht die Wahrheit sagt. Das aber ist die Wahrheit: Wenn du dein Herz der Not deines Bruders verschließt, ist Gott nicht in dir, weil Seine Liebe nicht in dir ist.
Einmal wurde das jüdische Volk von mächtigen Feinden bedroht. Tagtäglich trat der Riese Goliath vor die Front und forderte das Volk Gottes hämisch und spöttisch heraus. Die Angst schlich durch die jüdischen Reihen. Niemand wagte es, dem Gewaltmenschen entgegenzutreten. Bis der kleine Hirtenknabe David mit fünf Steinen und einer Schleuder dem schwergepanzerten Riesen entgegenging. Er vertraute nicht auf sich selbst, sondern auf die Hilfe des Allmächtigen. Wir kennen den Ausgang des Zweikampfes. Wer mit Gott kämpft, braucht niemand und nichts zu fürchten. Was David einst mit fünf Steinen und einer Schleuder erreichte, werden wir nach dem Wort der Gottesmutter jetzt mit Rosenkranz, Buße und Bekehrung erreichen.

Ungarische Tragödie

Freitag, 26. Oktober 1956, 10 Uhr abends.
Das Radio bringt die ersten Nachrichten über den ungarischen Aufstand: „250 Verwundete sind an der österreichisch-ungarischen Grenze in Nickelsdorf eingetroffen."
Im Hauptquartier der Ostpriesterhilfe zu Tongerlo wird mir die Nachricht sofort mitgeteilt. Zehn Minuten später bin ich mit Staf Vermeulen, damals Direktor unseres Werkes in Belgien, unterwegs nach Löwen, wo wir um halb zwölf Kriegsrat halten mit dem Jesuitenpater Laszlo Varga, Berater für die ungarische Abteilung unseres Werkes. Noch in derselben Nacht beginnt unsere Ungarnaktion.
Samstag, 27. Oktober, 5 Uhr nachmittags, startet schon das erste Sabena-Flugzeug. Es hat tausend Flaschen Blutplasma des Roten Kreuzes und eine kostbare Medikamentensendung der Ostpriesterhilfe an Bord. Alle Mitarbeiter und Freunde sind alarmiert worden. Unser erster Aufruf erschien in den Abendzeitungen.
Es mußte anfangen mit Gebet. In der Nacht von Samstag auf Sonntag – es war genau Mitternacht – kamen wir mit sechzig Mann auf dem Rogier-Platz in Brüssel zusammen. Wir beteten den Rosenkranz. Wir gingen an schlafenden Häusern und tropfenden Bäumen entlang. Es regnete trüb. Der Wind rammelte an eisernen Gittern und spielte mit nassen Blättern. Betend zogen wir durch die Churchill-Allee bis zum Gebäude der ungarischen Gesandtschaft. Ein großes Herrenhaus hinter einem schmalen Garten. Alle Fensterläden dicht. Wir knieten auf dem Pflaster und beteten zusammen für die verfolgte Kirche, für die Kämpfer auf den Barrikaden von Budapest, für die Mütter, Frauen und Kinder, die um das Leben ihrer Männer, Väter und Söhne bangten. Wir beteten für Freund und Feind.
Dann kam die Polizei, die vor Demonstrationen und Bomben Angst hatte. Die Polizisten fanden es merkwürdig, dieses

Rosenkranzgebet auf dem nassen Pflaster im nächtlichen Brüssel. Sie wollten es verbieten. Verstärkung traf ein. Ein Jeep mit schwerbewaffneten Gendarmen. Wir aber beteten weiter, Rosenkranz um Rosenkranz im Dämmerlicht der Laternen. Dann kam ein Polizeikommissar, der heftig protestierte: „Cela ira haut, très haut, plus haut que le procureur!" behauptete der aufgeregte Beamte. Der Mann hatte recht, denn es ist „très haut" gegangen. Bis zum lieben Gott . . .
Als wir fertig waren bei der ungarischen Gesandtschaft, gingen wir zur Gesandtschaft von Bulgarien und zum polnischen Konsulat in der Avenue Molière und zur russischen Botschaft. Wir knieten uns nieder und beteten, als ob es keine Häuser, keine Menschen, keine Polizisten gäbe. Wir waren bloß wenige. Es war eine spontane Privatinitiative. Aber sie wuchs. In den kommenden Wochen wurde es zu einem Sturm von Gebeten, der durch alle Pfarreien Flanderns brauste. Hunderttausende haben daran teilgenommen. Es war grandios und eindrucksvoll. Aber nie mehr war es so ergreifend wie in jener ersten Nacht, als ich an der Spitze einer kleinen Gruppe von Mitarbeitern durch den Regen schritt, um im schlafenden Brüssel die Revolte des Gebetes zu entfesseln.

* * *

Im Pavillon von Tongerlo steht alles kopf. Die Büros sind in eine riesige Apotheke umgewandelt. Abends um elf Uhr – noch immer an diesem ersten Samstag – beginnen junge Pharmazeuten, telegrafisch aufgerufen, Berge von Flaschen, Ampullen und Schachteln zu sortieren. Im Magazin stapeln sich die fertigen Pakete: Vitamine, Verbandzeug, Anti-Biotika, Chinin, Narkotika usw. Dasselbe spielt sich in unserem Magazin in Antwerpen ab und in vielen Orten im ganzen flämischen Land, wo unsere Mitarbeiter in Schulen, Sälen und geliehenen Lagerräumen die Hände regen.

Am Sonntagmorgen rollt die Ungarnaktion wie eine Lawine: manches Krankenhaus hat einen Großteil seiner Medikamentenvorräte zu unseren Sammelstellen gebracht. Im ganzen Land werden von freiwilligen Helfern Autos eingesetzt, die von Haus zu Haus fahren. Die Grenze nach Ungarn ist offen, die Ostpriesterhilfe drängt unwiderstehlich mit Händen voll Liebe durch die Bresche ins Gebiet hinter dem Eisernen Vorhang!
Montag. Der Umfang der Aktion ist unübersichtlich geworden. Und dennoch findet sich alles in diesem Wirrwarr, der sich von selbst durch Nächstenliebe, Vertrauen und Improvisation ordnet. In der Nacht rollt ein von der Caritas und der Ostpriesterhilfe gechartertes Flugzeug über die Startbahn von Melsbroek. Die Motoren heulen, 2500 kg Medikamente erheben sich in die Luft. Mit dieser Ladung können sechs große Krankenhäuser eine Woche lang helfen und retten. Zur gleichen Zeit brennen in den Hallen der Ostpriesterhilfe zu Tongerlo noch immer die Lichter. Fünfundzwanzig Tonnen Kleider, Schuhe und Lebensmittel werden auf unseren Zwanzigtonner geladen. Dienstag morgen, vier Uhr, fährt Heinz aus dem Pavillon weg. Eine Stunde später tritt ein anderer Chauffeur in der Nähe von St. Gallen aufs Gaspedal seines schweren Mercedes: zwölf Tonnen Liebesgaben der Ostpriesterhilfe Schweiz setzen sich nach Wien in Bewegung. Überall tritt der eigene oder geliehene Transportapparat unseres Werkes in Aktion. Aus zehn Städten in ganz Westeuropa braust die spürbare Hilfe unserer Wohltäter nach Ungarn.
Dienstag morgen. Ich nehme das Flugzeug nach Wien. Die Nachrichten vom Aufstand werden immer besser. Es ist zu erwarten, daß Kardinal Mindszenty bald befreit sein wird. In Wien überlege ich mit unseren Mitarbeitern und anderen Organisationen. Man zögert und will noch warten. Ich entscheide, sofort abzufahren. Ich habe keinen gültigen Reisepaß und kein Visum. Ich habe bloß meinen Rosenkranz. Von

Wien bis Budapest habe ich mit meinen österreichischen und ungarischen Freunden den Rosenkranz gebetet. Und das Abenteuer ist gelungen. Drei Stunden nach seiner Befreiung stand ich mit dem Präsidenten des österreichischen Caritasverbandes und einigen anderen in einem kleinen Zimmer bei Kardinal Mindszenty. Wir waren die ersten Priester aus dem freien Westen, die er zu Gesicht bekam. Es war noch vollauf Revolution . . .

* * *

Ja, es war noch vollauf Revolution. An der Grenze in Nikkelsdorf standen Arbeiter mit Karabinern. Überall sahen wir Autos, geschmückt mit der ungarischen Fahne, aus der der Sowjetstern herausgeschnitten war. In Györ waren Panzer bis vor das Haus des Bischofs aufgefahren, den wir besuchten. Er hatte schon oft von der Ostpriesterhilfe gehört und machte von der Gelegenheit Gebrauch, von mir eine Warenladung Liebesgaben für sein Bistum zu erbitten. Sie wurde ihm gerne zugesagt. Diesem Versprechen verdanken wir, daß unser letzter Laster nicht nach Budapest weitergefahren ist, sondern in Györ entladen wurde. Sonst wären Auto und Chauffeur in die Hände der Russen gefallen. Jetzt konnte Heinz als allerletzter noch gerade aus Ungarn entkommen. Fünf Minuten, nachdem unser Büssing Nickelsdorf passierte, wurde die Grenze von Sowjetpanzern abgeriegelt.

Aber so weit war es noch nicht an diesem Allerheiligentag, als wir guten Mutes nach Budapest fuhren. Links und rechts wurde noch gekämpft. Die Menschen auf den Straßen winkten uns zu, und überall waren die Häuser beflaggt. Es war ein nationaler Aufstand. Das ganze Volk war in Begeisterung.

Gegen Abend trafen wir in Budapest ein. In den Vororten sahen wir immer mehr schwarze Fahnen an den Häusern. Dort gab es Tote! Die Stadt bot einen entsetzlichen Anblick.

Überall ausgebrannte russische Panzer. Hier und da eine Straßenbahn als Barrikade quer über der Straße. Zerstörte Häuser. Auf den Plätzen vor den öffentlichen Gebäuden unglaubliche Mengen zerrissener Dokumente. Lastwagen mit Freiheitskämpfern patrouillierten durch die Außenviertel: junge Kerls mit mageren, ermüdeten Gesichtern unter den zu großen Helmen. In der Ferne wurde noch geschossen. Kinder fuhren mit auf den Panzern der aufständischen ungarischen Armee. Zwei festverschlossene Sowjetpanzer verließen unter den drohenden Blicken der Bevölkerung die Stadt. Ohne viel Mühe fanden wir die schwerbeschädigte Wohnung des Kardinals. Alle Gänge und Zimmer waren voller Menschen, die sich hereinschoben, um den befreiten Kirchenfürsten willkommen zu heißen. Wir drängelten uns durch die Menge hindurch und kamen in ein Vorzimmer. Dort warteten ein paar Bischöfe, einige Offiziere und viele schlechtgekleidete Bürger. Die meisten kamen direkt aus dem Gefängnis. Sie waren es, die jahrelang um des Glaubens willen Verfolgung erlitten hatten und jetzt ihre Dienste für den Wiederaufbau des kirchlichen Lebens anboten. Ich habe viele Adressen notiert, in der Absicht, ihnen später eine Liebesgabe der Ostpriesterhilfe zukommen zu lassen. So weit ist es nicht gekommen. Einige habe ich nach wenigen Wochen als Flüchtlinge wiedergesehen. Die meisten wurden von den siegenden Kommunisten hingerichtet. Gott gebe ihnen die ewige Ruhe!

Der Kardinal empfing uns zutiefst ergriffen. Er war leicht gebeugt, schlecht gekleidet und unrasiert. Er hatte schwarzes Haar, eine träge, schwere Stimme, einen energischen Kopf mit durchdringenden Augen, die sich schnell von einem Besucher auf den anderen richteten. Er sprach deutsch.

Ich habe ihm von unserem Werk erzählt, das sich schon so lange auf den Tag der Befreiung vorbereitet hatte; von unseren Kapellenwagen; von der geistlichen und materiellen Hilfe, die wir leisten könnten; von den Plänen, die wir mit

Msgr. Adam, Msgr. Zagon, Msgr. Mester, Pater Varga und den anderen geistlichen Führern der ungarischen Emigranten für die Zukunft der Kirche in ihrer gemarterten Heimat geschmiedet hatten.

Der Kardinal hörte aufmerksam zu. Bat hier und da um Erläuterungen. Informierte auf ungarisch seinen Sekretär, ließ einen Monsignore entbieten, den er in unserer Gegenwart zum Präsidenten der Actio Catholica ernannte mit dem Auftrag, die karitative Hilfe der westeuropäischen Kirche in Empfang zu nehmen und über ganz Ungarn zu verteilen. Er war überrascht von der reichlichen Hilfe, die auch Msgr. Pfeiffer, der furchtlose Präsident des österreichischen Caritasverbandes, ihm sofort anbot. Dann zog sich der Kardinal zurück, um einen Brief zu schreiben, den er uns für die ausländischen Bischöfe mitgeben wollte. Der Brief hatte folgenden Wortlaut:

„An die katholischen Bischöfe der Welt!

Mit Ergriffenheit habe ich erfahren, wie sehr die Katholiken der ganzen Welt an dem so schwer heimgesuchten ungarischen Volk Anteil nehmen.

Da unsere Not und Armut sehr groß sind, bitte ich in Liebe alle Bischöfe der katholischen Kirche, daß sie ihre Gläubigen aufrufen mögen zu tätiger Nächstenliebe und ihre Hilfe der ungarischen Actio Catholica zukommen lassen.

Das kleine ungarische Volk setzt auch jetzt die historische Sendung fort, die uns vor 500 Jahren durch den Sieg von Belgrad anvertraut wurde. Für die großzügige Hilfe, die bis jetzt geleistet wurde, spreche ich auf diesem Wege meinen herzlichen Dank aus.

Am ersten Tag meiner wiedergewonnenen Freiheit grüße ich in brüderlicher Liebe die katholischen Bischöfe der Welt aus der Hauptstadt Ungarns.

Budapest, den 31. Oktober 1956

Josef Mindszenty“

Bild 25: Pater Werenfried 1956 bei einer arabischen Flüchtlingsfamilie in Haifa. Eine große Hilfsaktion folgte.

Bild 26: Auf der alten Karawanenstraße in Palästina.

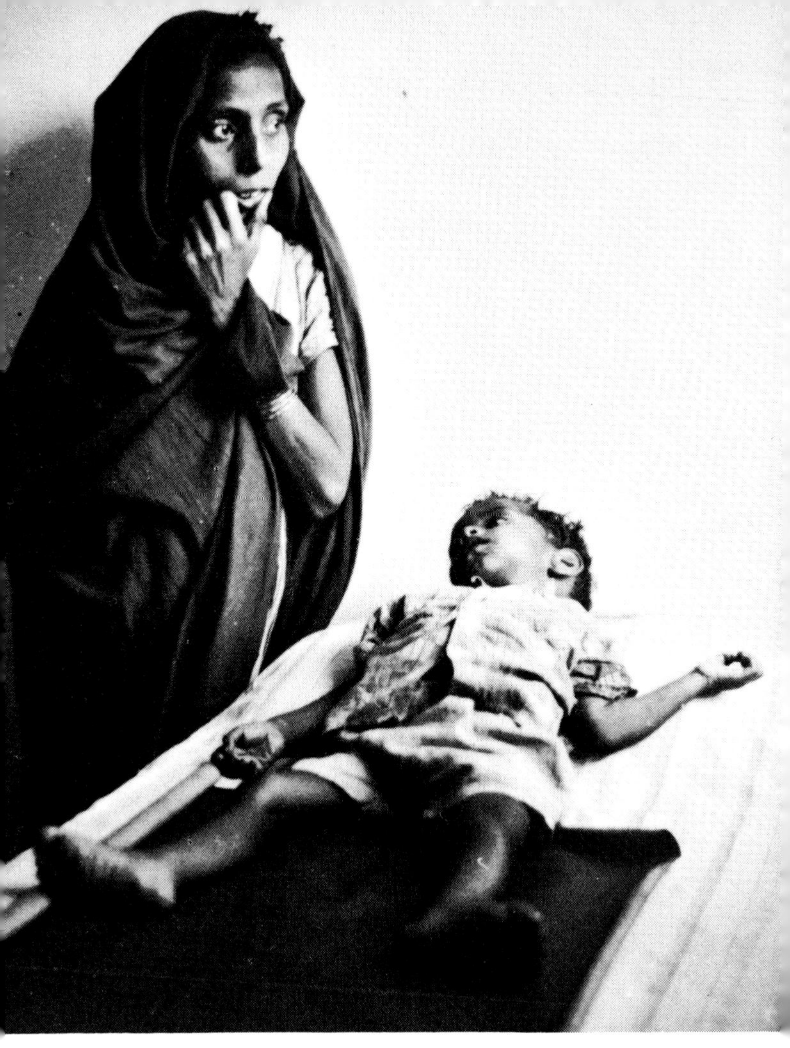

Bild 27: „In Kalkutta habe ich ein sterbendes Kind getauft."

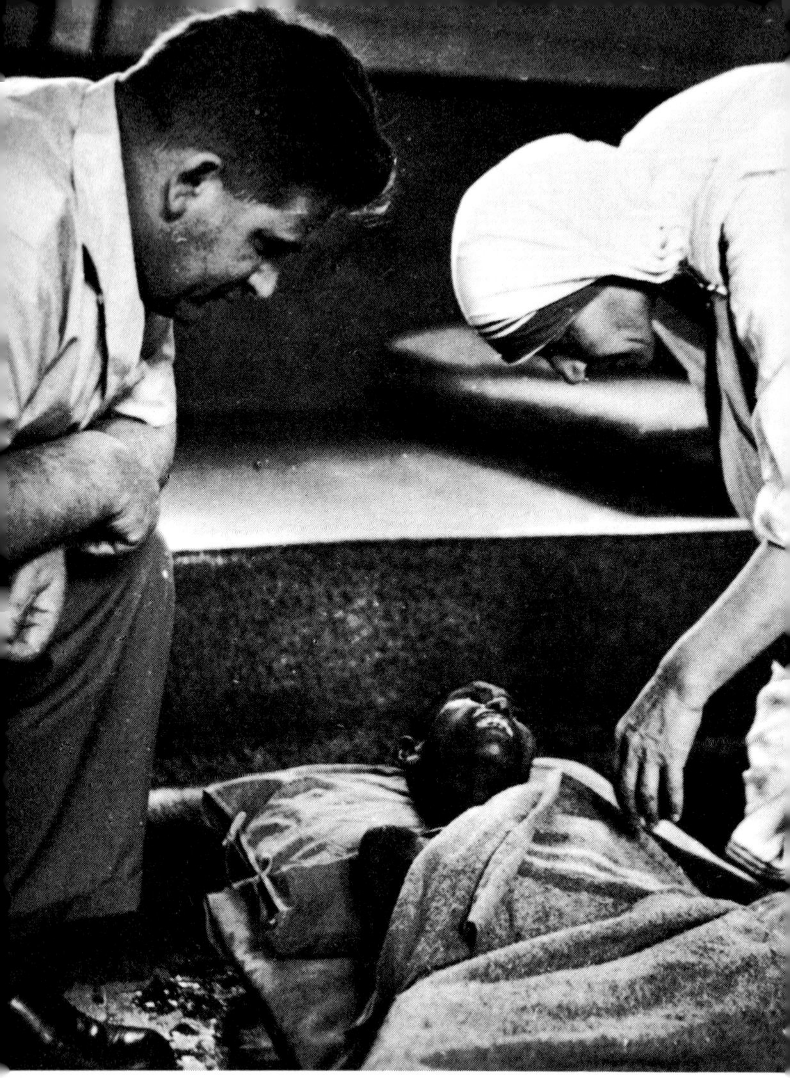

Bild 28: Mutter Theresa kümmerte sich um die Findlinge, um die Kranken und Sterbenden. P. Werenfried besuchte sie 1959 im „Haus der Toten“ in Kalkutta.

Bild 29: P. Werenfried 1960 in Seoul bei koreanischen Flüchtlingen aus dem kommunistischen Norden.

Bild 30: Der Speckpater in den fünfziger Jahren unterwegs im Kapellenwagen, mit dem er als Bettler Gottes Deutschland, Österreich, die Schweiz und Südtirol durchquerte.

Bild 31: In dieser Kaserne befanden sich nach dem Kriege das Priesterseminar und das „Vaterhaus“ der Heimatvertriebenen. Diese Königsteiner Anstalten waren das erste Großprojekt unseres Werkes. Aus dem Seminar sind 465 Priester hervorgegangen. Seit 1975 hat hier das Internationale Sekretariat von Kirche in Not/ Ostpriesterhilfe seinen Sitz.

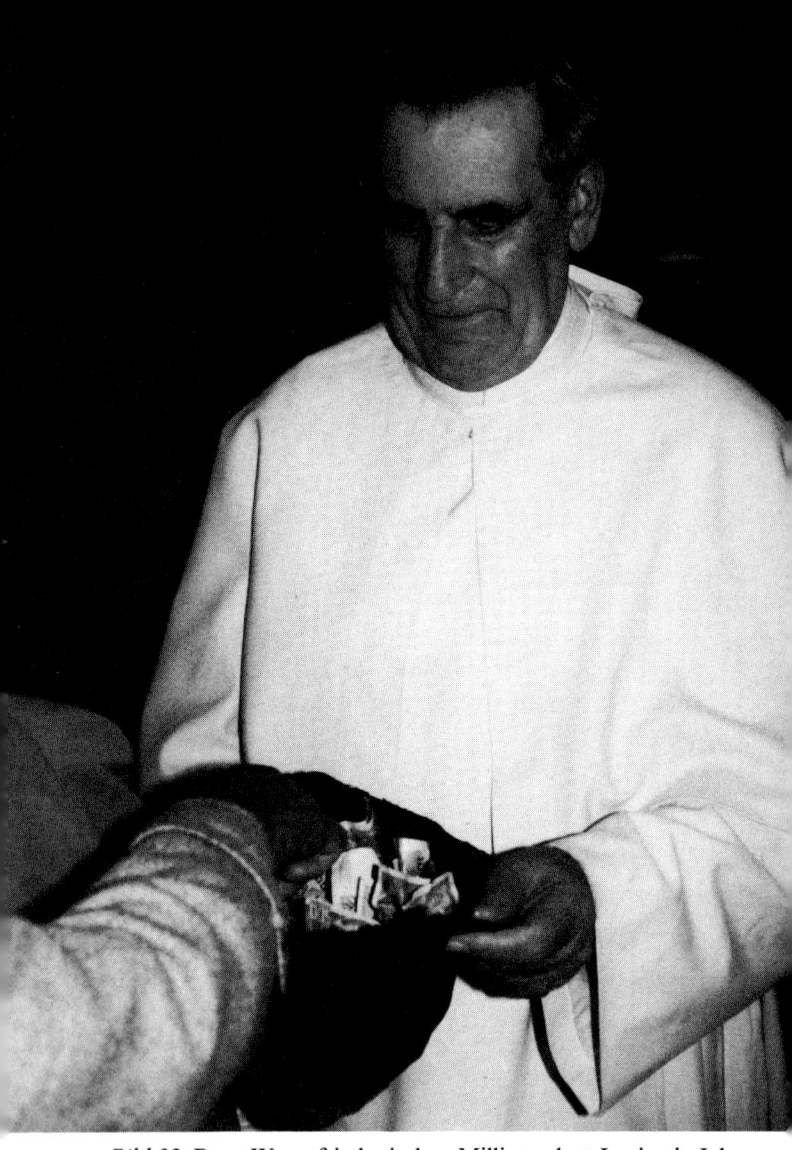

Bild 32: Pater Werenfried mit dem Millionenhut. In vierzig Jahren hat er schätzungsweise 2 Milliarden Dollar gesammelt und verschenkt.

Er händigte uns das Schreiben aus, das wir weiterzuleiten versprachen. Als ich mich von ihm verabschiedete, umschloß er meine beiden Hände mit den seinen und sprach: „Herr Pater, wenn Sie jetzt in den Westen zurückkehren, sagen Sie bitte Ihren Freunden, daß sie uns nicht vergessen. Sagen Sie ihnen, daß sie beten, viel beten, noch mehr beten ... denn ein schwerer Kampf steht uns noch bevor."
Der Kardinal wußte, was kommen würde! Als ich die Hauptstadt verließ, standen in allen Fenstern brennende Kerzen für die 20 000 Toten von Budapest. Aber trotz dieser blutigen Opfer waren die Leute hoffnungsvoll und froh, weil sie damals noch glaubten, daß sie am Ende ihres Kreuzweges angelangt wären. Und dann habe ich Angst bekommen. Nicht für mich, sondern für dieses tapfere ungarische Volk, das mit seinen einfachen Arbeitern, mit seinen Kindern und Studenten so mutig und so ganz allein gegen eine Übermacht gekämpft hatte. Dieses Volk, das noch glaubte, daß jetzt alles besser würde und das noch nicht wußte, daß der Kardinal meine zwei Hände fest umklammert und mich angefleht hatte, zu beten, viel zu beten für den Kampf, der seinem Volk noch bevorstand.

* * *

Am Allerseelenmorgen sind wir heil aus Ungarn zurückgekehrt. Wir haben den Brief des Kardinals übersetzt, den Bischöfen zugeschickt und in der Presse veröffentlicht. Wir haben für den „Fonds Mindszenty" über acht Millionen Mark zusammengebettelt. Wir haben sehr große Mengen Liebesgaben in Ungarn und an die ungarischen Flüchtlinge überall in Europa ausgeteilt. Wir haben sofort Hunderttausende ungarischer Katechismen, Gebetbücher und Neue Testamente drucken lassen und zum größten Teil in den verworrenen Wochen während und nach dem Aufstand noch nach Ungarn einführen können. Die Ostpriesterhilfe, die einzige Organisation, die in Hilfeleistungen für die verfolgte Kirche spezialisiert ist, stand während der ungarischen Tragödie und in den darauffolgenden Monaten an der Spitze aller Aktionen, die überall in der Welt mit so viel Großzügigkeit gestartet wurden.

Aber der kostbarste Beitrag, den unsere ungezählten Freunde damals geleistet haben, war die Sturmnovene des Rosenkranzes, die monatelang die Gewissen wachgehalten und trotz des äußerlichen Scheiterns des Aufstandes zweifellos Wunder der Gnade und des Segens in Ungarn verursacht hat.

Was in Brüssel nachts auf dem Pflaster mit wenigen begonnen hatte, griff wie ein Feuer um sich. Zuerst folgte Brügge mit einer Rosenkranzprozession zur Kapelle vom Heiligen Blut. Antwerpen sah seine Kathedrale innerhalb einer Woche viermal brechend voll von betenden Männern und Frauen, Jungen und Mädchen, die ihr Gebet mit einem Opfer verbanden. In Lokeren schritt das Schöffenkollegium betend an der Spitze des Zuges, und an jenem Rosenkranzabend für Ungarn spendete Lokeren 75 000 Franken für den Fonds Mindszenty. In Löwen zogen 15 000 Studenten und Einwohner betend durch die Straßen zur Abendmesse, die Weihbischof Van Wayenberg im Freien feierte, und sie spendeten in einer Abendkollekte 300 000 Franken für die ungarische Kirche in Not. Antwerpen, Kiel, Mortsel, Boechout, Sint-Niklaas, Dendermonde . . . es wurde ein Sturm des Rosenkranzgebetes und der Opferbereitschaft. Und in der Antwerpener Pfarrei „Heilig Geist" wurden an einem Sonntagmorgen 367 000 Franken für den Notfonds der Ostpriesterhilfe geopfert. Und dies alles war bloß ein kleiner Teil der Aktion, die in den ersten Wochen nach meiner Rückkehr aus Budapest von der Ostpriesterhilfe begonnen wurde. In jenen Tagen stellte sogar der belgische Rundfunk uns ausnahmsweise seine Mikrofone zur Verfügung. Ich benutzte die Gelegenheit, das Volk für unsere Gebetsaktion aufzurufen:

„Die Welt brennt. Die Kirche blutet. Christus stirbt in Unzähligen! Sind wir uns bewußt, was auf dem Spiel steht? Sind unsere Kirchen auch morgen und übermorgen noch voll flehender Gläubiger? Besinnen wir uns auf die Gründe, warum Gott diese furchtbare Prüfung zuläßt? Versucht auch der allerletzte unter uns, den Herrn zu überreden? Werden wir Ihn auch weiterhin bestürmen mit Gebeten, die laut zum Himmel schreien? Werden wir standhaft bleiben in unseren Anstrengungen, Ihn durch Gebet und Opfer zu versöhnen?
Nach menschlichem Ermessen ist die Lage hoffnungslos. Glaubt nicht, daß die westlichen Großmächte einen Finger rühren werden, um die Freiheit Ungarns zu retten. Glaubt es nicht, daß die Herren, die Suez überfielen, sich in Wahrheit für die Kirche in Not interessieren. Reibt euch die Augen. Erkennt, daß alle menschlichen Mittel fehlen und nur Gott noch retten kann.
Gott allein kann retten. Das ist eine kalte Dusche auf unseren Hochmut. Das scheint demütigend für die moderne Menschheit. Aber beängstigend ist es nicht. Denn Gott ist der einzige Bundesgenosse, der selbstlos ist. Seine Rettung ist anders als jeder menschliche Ausweg. Aber auf jeden Fall sicherer, dauerhafter und unendlich besser.
Gott allein kann retten. Das ist die Schlußfolgerung, die immer aus Irrtümern und verlorenen Illusionen zusammengerafft wurde. Die Einsicht, die erworben wurde, nachdem alle anderen Mittel erschöpft waren. Die Juden des Alten Bundes wußten es. Aber sie wußten es erst in der babylonischen Gefangenschaft. Und die bedrohte Christenheit aus dem 16. Jahrhundert wußte es, doch erst als die Türken im Herzen Europas standen.
Auch wir müssen es wissen, zur elften Stunde, und es soll uns ruhig machen. Wir dürfen es nicht für ein Risiko halten, auf den Herrn zu vertrauen, auf den allmächtigen, starken Gott, der über die Heiden spottet und der sie als Lehmkrüge zertrümmert. Es ist nicht beunruhigend, nur auf Ihn zu bauen,

denn Er hat die Welt überwunden. Laßt Ihn denn erweichen durch ein argloses Vertrauen, durch die Flut eurer Gebete, die wie eine Brandung an Seinem lauschenden Herzen rauschen . . ."

Tagein, tagaus sprach ich viele Male von den ungarischen Müttern, die mit ihrem Kind auf der Flucht waren, so wie Maria einmal vor Herodes auf die Flucht in die Fremde gejagt wurde:

„Die flüchtende Mutter, die in Traiskirchen, dem Grenzlager in Österreich, eintraf und fotografiert wurde, während sie ihr Kindlein stillte – sie trägt dieselbe Sorge und dasselbe Leid, das einst Maria trug.

Die andere Mutter – sie stand in einer Zeitung – mit ihrem erschöpften Gesicht, todmüde von dem kilometerlangen Fußmarsch, mit ihrem Kind auf dem Rücken, zwischen den Pappschachteln, in denen sie ihre Kleider mitschleppte – sie ist genauso müde, wie einst Maria war, als sie schwer atmend auf der Flucht nach Ägypten ausruhte.

Und die Flüchtlingsmutter, die auch in der Zeitung stand – wer kennt ihren Namen? – mit ihrem großen Angstaugen: ihr ist genauso bange, wie einst Maria war, als sie hinter sich das Wehklagen der Mütter Bethlehems hörte.

Und die vielen, vielen ungarischen Mütter, die ihr Kind verloren haben, als das ganze Dorf beim Herannahen der brüllenden Panzer auseinanderstob, sie werden jetzt – heute – von tausend Ängsten gequält, genau wie Maria gepeinigt wurde, als sie beim Verlassen Jerusalems den kleinen Jesus verloren hatte.

Und die weinenden Mütter – sie sind schon älter –, die es ansehen müssen, wie ihre großen Söhne zusammengetrieben und zu einer unbekannten Bestimmung abtransportiert werden: im gepeinigten Herzen dieser Mütter nagt derselbe Kummer wie im Herzen Marias, als ihr göttlicher Sohn von den Soldaten aus dem Garten am Ölberg weggeführt wurde.

Und die Mütter von Budapest, die ihre Jungen an den Laternenpfählen in den Straßen hängen sehen – sie sind wie die Schmerzensmutter unterm Kreuz ihres Sohnes, deren Herz von einem Schwert durchstoßen wird. Und die Mütter, die suchend zwischen den Trümmern und den Wracks der ausgebrannten Panzer herumgehen: wenn sie ihr totes Kind finden, dann werden sie sein wie die weinende Maria, die Jesus in ihren Schoß nahm; ermordet, tot, bleich und kalt. Oh, ihr tausend aufgescheuchten, weggeschleppten, heimgesuchten und geflüchteten Mütter Ungarns, wir können nicht viel für euch tun. Wir haben bloß unsere karge Liebe und unser Gebet. Aber wir können euch doch Maria anvertrauen, die all euer Leid kennt und selbst durchgemacht hat, die euch versteht, wie niemand euch verstehen kann, und die in diesen bittersten Stunden eures Lebens allein noch trösten wird ...“

* * *

Der ungarische Aufstand mit seinem Gefolge von Zehntausenden von Flüchtlingen hat ganz sicher Unzähligen die Augen und Herzen für das Leid der verfolgten Kirche geöffnet. Der christliche Westen hat wieder beten gelernt für die 60 Millionen unterdrückten, von einem teuflischen Regime geschundenen und durch den Eisernen Vorhang von uns entfremdeten Brüder in Ungarn und in anderen Satellitenstaaten. Wir wurden mit ungeahnten Problemen konfrontiert.

Der jahrelange kommunistische Terror, die Propaganda und die Erziehung sind an unseren Glaubensbrüdern nicht spurlos vorübergegangen. Der Eiserne Vorhang vergrößert nicht bloß den geographischen, sondern auch den psychologischen Abstand zwischen Ost und West. Wir sind mehr als früher eine zerrissene Christenheit. Denn seit 1945 wurde die große christliche Gemeinschaft – schon geschädigt durch Schisma und Reformation – noch einmal gespalten durch die Barrikaden des Eisernen Vorhangs. Und wenn auch der

Eiserne Vorhang verschwindet, die Gespaltenheit wird bleiben!
Die Tatsache des ungarischen Aufstandes war zwar eine Blamage für den Kommunismus, aber deshalb noch nicht die Bestätigung der einen lebendigen Gemeinschaft der Kirche. Denn Ost und West sind einander entwachsen.
Es war die Proletarier-Elite der ungarischen Volksdemokratie, die im Namen der Freiheit, der menschlichen Persönlichkeit und der sozialen Gerechtigkeit gegen die marxistische Lügendiktatur revoltierte. Es waren die Getreuesten der Getreuen, die sorgfältig ausgesuchten und tausendfach getesteten jungen Intellektuellen; es waren die kommunistischen Vertrauensmänner der Arbeiter in den Staatsbetrieben; es waren die Kader und die zukünftigen Führer in Staat und Partei, die gegen Moskau rebellisch wurden. Es waren die Jünglinge, die im Feuerofen der Dialektik brand- und feuerfeste Marxisten hätten werden müssen, die plötzlich den Marxismus zu Ende gedacht und als Volksbetrug entlarvt hatten.
Sie sind keine Titoisten, keine Nationalkommunisten, keine Sozialisten und keine Faschisten . . . aber sie sind auch keine Christen! Sie haben noch keinen Namen. Sie sind das, was nach dem Kommunismus kommt: die aus der These des Kommunismus geborene Anti-These und darum notwendigerweise die erbitterten Feinde eines von ihnen überwundenen Standpunktes.
Diese *Post*-Kommunisten, die sich durch den Kommunismus hindurchgerungen haben, die klarsichtig wurden und nach Gerechtigkeit, Liebe und Wahrheit, nach allem, wovon der Kommunismus die Verneinung ist, hungern – diese jungen Konterrevolutionäre sind unsere Brüder, die der Kirche geraubt wurden oder vielleicht niemals zu ihr gehörten, die aber dennoch bei uns zu Hause sind und die wir unaufhörlich in unser Gebet und unsere Liebe einschließen müssen.
Machen wir uns keine Illusionen! Was nach dem Kommu-

nismus kommt, kann nicht ohne weiteres von der Kirche annektiert werden. Was durch den Schmelztiegel dieses Systems gegangen ist, kann nicht ohne weiteres als quantitative Vermehrung der alten Mutter Kirche einverleibt werden. Zuerst müssen *wir* qualitativ besser werden!
Millionen Rebellen in Osteuropa haben den Marxismus innerlich überwunden. Wir können nur in Wahrheit mit ihnen wiedervereinigt werden, wenn wir unseren Materialismus überwinden. Solange wir das nicht schaffen, haben wir diesen *Post*-Kommunisten keine Lektion und keinen guten Rat zu geben, und tun wir besser daran, bei ihnen zu lernen, wie man opferbereit für ein Ideal lebt und stirbt.

* * *

Der Aufstand ist gescheitert. Die Bresche im Eisernen Vorhang ist wieder geschlossen. Aber mitten unter uns leben Flüchtlinge, viele junge Menschen, die uns am eigenen Leib zeigen, wie der Mensch aussieht, der durch die Schule des Kommunismus gegangen ist. Er ist bisweilen besser als wir selbst. Aber er ist auch geschunden und entstellt. Er ist selbst nicht dafür verantwortlich, daß er an seiner Seele Schaden gelitten hat. Aber auf jeden Fall ist er ein Menschentyp, dem wir Rechnung tragen müssen; denn so wird nach der Befreiung der Mensch aussehen, dem wir im Osten überall begegnen werden und mit dem wir wieder zu einer Einheit zusammenwachsen müssen. Der ungarische Aufstand war nicht umsonst, wenn wir unsere Lehre daraus ziehen.
Millionen in Osteuropa ringen täglich mit dem Bösen, um innerlich von seinem Terror und seiner Diktatur befreit zu werden. Millionen suchen leidenschaftlich die Wahrheit und gehören durch die Begierdetaufe oder die Taufe des Blutes zur Kirche Christi. Laßt uns oft beten für unsere Brüder im Osten, auf daß der Herr sie bald befreien und in Frieden zu uns führen möge. Aber laßt uns auch beten für uns selbst,

daß der Herr uns reinigen und daß unsere Unchristlichkeit der Wiedervereinigung mit den in Leid Geläuterten und nach Wahrheit Suchenden nicht im Wege stehen möge.

Bei Gottes Partisanen (1960)

Es wäre unmöglich, konkrete Pläne und Hilfsaktionen für die Zukunft Osteuropas zu entwerfen, wenn wir keine Verbindungen zu den verantwortlichen Führern der verfolgten Kirche hätten. Die Ostpriesterhilfe darf kein Hobby wirklichkeitsfremder Träumer sein. Unsere Hilfe hinter dem Eisernen Vorhang und unsere Vorbereitungen für den Tag der offenen Türen müssen von den kompetentesten Kennern der Lage geleitet werden: den Bischöfen und Geheimbischöfen im Osten. Und da es nur wenigen von ihnen vergönnt ist, in den Westen zu reisen, sind wir wohl dazu verpflichtet, in den Osten zu gehen. Deshalb muß dann und wann jemand von uns seine Freiheit und sein Leben aufs Spiel setzen, um in den roten Satellitenstaaten die unerläßlichen Besprechungen zu führen.
Nur selten können wir über diese Reisen etwas veröffentlichen, weil wir ja unsere Schützlinge nicht in Gefahr bringen dürfen. Andererseits fühlen wir uns gezwungen, Zeugnis abzulegen über alles, was wir im Osten gesehen und erlebt haben, und dies um so mehr, weil der Normaltourist den vollen Umfang der Kirchenverfolgung nicht entdecken kann und daher vielleicht den Eindruck bekommt, daß das kommunistische System seine anti-religiöse Haltung geändert hat. Auf diese Weise kann der zunehmende Reiseverkehr mit Osteu-

ropa wie ein Schlafpulver wirken, ein von den Kommunisten bewußt gebrauchtes Mittel, um die Völker des Westens in den Schlaf zu wiegen.
Ich selber habe 1959 eine Reise durch fünf Volksrepubliken gemacht, während der ich viele Bischöfe und kirchliche Autoritäten besucht habe. Ich habe die Reise nicht unter meinem eigenen Namen unternommen, und die meisten Bischöfe, denen ich begegnet bin, wußten nicht, wer ich war. In jedem Land wurde ich von einem Vertrauensmann begleitet, der mir Türen und Herzen für ein Gespräch öffnete. Ohne die Garantie eines solchen Vertrauensmannes kann nämlich kein Bischof das Risiko auf sich nehmen, einem unbekannten Ausländer offen seine Meinung zu sagen.
Nach reiflicher Erwägung halte ich es für möglich – unter Verschweigen der Namen von Personen, Städten und Ländern und mit einigen nebensächlichen Änderungen –, meine Begegnung mit vier Bischöfen zu veröffentlichen. In diesem Bericht werde ich auch einige Einzelheiten bekanntgeben, die mir schon bei früheren Reisen nach Osteuropa mitgeteilt worden sind.
Bevor ich auf Einzelheiten eingehe, möchte ich den allgemeinen Eindruck wiedergeben, den ich jenseits des Eisernen Vorhangs von der Tätigkeit der Ostpriesterhilfe erhalten habe. Ich stellte fest, daß unsere Hilfe, die einen Millionenwert darstellt, nicht nur nützlich und unerläßlich ist, sondern daß sie auch meistens ihr Ziel erreicht. Die helfende Hand unserer Wohltäter greift überall da ein, wo die Not am größten ist.
Ich war selbst mit den Kraftfahrzeugen unterwegs, die schon zu Hunderten von unseren Wohltätern gespendet wurden, und die für zahlreiche Bischöfe und Priester unentbehrlich geworden sind. Ich habe die Kirchen besucht, die dank der finanziellen Hilfe der Ostpriesterhilfe aus den Trümmern wiedererstehen konnten. Ich durfte die Freude miterleben, die ein Liebesgabenpaket einer kinderreichen Familie berei-

tete. Ich konnte den Seminaristen die Hand drücken, denen erst die Unterstützung der Ostpriesterhilfe ermöglichte, ihrer Berufung zu folgen. Vor allem aber spürte ich in allen Gesprächen, wie unschätzbar groß die moralische Hilfe ist, die unser Werk den verfolgten Glaubensbrüdern gewährt. Es ist das unvergängliche Verdienst unserer Wohltäter in ganz Europa, daß die Ostpriesterhilfe immer wieder imstande ist, in den Eisernen Vorhang Breschen zu schlagen und die geistige Blockade der Kirche des Schweigens zu durchbrechen. Gott allein kennt die Zahl derer, die dadurch die Kraft erhielten, treu zu bleiben und bis zum Ende weiterzukämpfen.

* * *

Dem ersten Bischof begegnete ich bei der Besichtigung einer Kathedrale. Vor dem Tabernakel kniete ein Mann, der aussah wie ein Bauer im schwarzen Anzug seines Großvaters. Das Kostüm war verschlissen, an einigen Stellen zu eng, an anderen zu weit. Die Hosen waren geflickt. Mein Begleiter sagte mir, das sei der Bischof. Er trug weder Ring noch Kreuz.

In seinem Bistum, das vom Tode gezeichnet ist, gibt es viele entvölkerte Dörfer mit ausgebrannten Häusern und halbverwüsteten Kirchen. Die Bewohner wurden von den Kommunisten ermordet oder zogen in die Städte. Die noch nicht ausgestorbenen Gemeinden werden von herumreisenden Priestern betreut.

Der Bischof nahm mich auf seinem schweren Motorrad zu den Baustellen einiger Kirchen mit. Er hatte sich zur Fahrt umgezogen: braune Cordsamthosen, schwarze Knobelbecher, Rollkragenpullover und graue Regenjacke. Kein Purpur.

Wir fuhren auf unglaublich schlechten Straßen zur ersten Kirche. Leeres Gemäuer ohne Dach, rauchgeschwärzt. Der Altar unter einem Bretterverschlag. Das Allerheiligste, vor

dem ein paar Frauen beteten, in der kleinen Turmkammer. Unter freiem Himmel wird hier sonntags die Messe gelesen. Diese Mauern sind immer noch eine Kirche, und nach dem Paragraphen des Gesetzes darf eine Kirche nicht abgebrochen werden, solange sie noch in Gebrauch ist. Deshalb zelebriert ein Priester hier allsonntäglich seine dritte Messe. Er kämpft für den Bestand dieser Ruine und versucht seit vier Jahren, die Erlaubnis zu bekommen, sie neu zu bedachen. Bis jetzt ist ihm das nicht geglückt, aber der Papierkrieg wird fortgesetzt, zäh und verbissen. Vielleicht gelingt es ihm noch.
Der Bischof bringt mich zu einem anderen Dorf. Hier wird gebaut. Er klettert auf das Gerüst und inspiziert das Dach. Stolz zeigt er mir die Stapel seiner Zementsäcke, die alten Backsteine, das Holz und das Gewirr der rostigen Armierungseisen, die er in Scheunen und auf den Dachböden verfallener Pfarrhäuser für den Wiederaufbau fleißig gesammelt hat.
Dieser Mann kämpft sich durch von Tag zu Tag. Seine jungen Priester ruft er beim Vornamen. Sie leben in nackter Armut. Er bespricht mit ihnen die technischen und geistlichen Schwierigkeiten ihrer Aufgabe als Kirchenbauer und Seelenhirten.
Jahrelang schon ist er zu Fuß, per Fahrrad oder auf seiner Maschine von Priester zu Priester unterwegs, um zu helfen, zu trösten, zu finanzieren und zu ermutigen. Um jede Baugenehmigung muß gerungen werden, drei, sechs oder mehr Jahre lang. Trifft die Genehmigung endlich ein, fehlt das Baumaterial. Wenn das Material da ist, beginnt der Kampf gegen den Zugriff des Fiskus, der alles wegen Steuerschulden konfiszieren möchte. Dann bauen sie, oft die ganze Nacht hindurch, fieberhaft schnell, der Pfarrer und seine Leute.
Es ist eine Guerilla mit kleinen Niederlagen und kleinen Siegen, der einzige Kampf, der hier noch möglich ist . . . ein Partisanenkampf. Diese Partisanen Gottes mit ihrem jungen

Partisanenbischof fürchten nichts mehr. Keiner von ihnen hat sich den sogenannten Friedenspriestern angeschlossen: eine Art Priestergewerkschaft, die für Gehälter, Pensionen und andere Vergünstigungen aufkommt. Sie haben kein Einkommen außer dem, was die Vorsehung ihnen Tag für Tag in die Hand gibt. Sie sind nicht reicher oder sicherer als das arme unterdrückte Volk, für das sie leben. Viele haben Kerker, Zwangsarbeit und Folter für die Kirche erduldet. Zwanzig Priester dieser kleinen Diözese wurden nach dem Kriege ermordet, mit Messern erstochen, über den Haufen geschossen, verbrannt oder erhängt. Ihr Blut war die Saat für die Berufung neuer Priester, die jetzt die besten Helfer dieses Bischofs sind.
Bis tief in die Nacht hinein war ich mit ihm unterwegs. Bei Kerzenlicht besichtigten wir noch eine Kirche, die schon unter Dach war, und knieten vor dem ärmlichen Tabernakel, in dem Jesus wieder inmitten Seiner verfolgen Brüder wohnt. Der junge Seelsorger erzählte uns, wie wütend die Kommunisten über diese Kirchenrestauration waren. Selbst sein Bett und zwei Stühle hatten sie zur Tilgung der Steuerschulden beschlagnahmt. Lachend zeigte er uns den Strohsack auf dem Fußboden, der ihm nun als Lager dient.
Zu Hause, beim Bischof – er hat nur *ein* Zimmer –, haben wir uns noch lange unterhalten. Er lehnt jeden Kompromiß mit der Regierung ab, weil er weiß, daß jede Gunst mit einem Entgegenkommen der Kirche bezahlt werden muß, und wäre es nur ein versöhnliches Schweigen angesichts bestimmter Maßnahmen. „Wir dürfen keine Hunde sein, die nicht bellen“, sagte er. Und seine hellblauen Augen strahlten im Lampenlicht, als ich ihn in tiefster Nacht verließ.

* * *

Dem zweiten Bischof steckt der Tod schon in den Knochen. Die Flicken auf seiner zerschlissenen Soutane sind verborgen unter dem schwarzglänzenden Staubmantel, in den er sich gehüllt hat. Sein durchscheinendes Gesicht und seine schmalen Hände tragen die Narben von Folterungen. Seit langem wohnt er nicht mehr im bischöflichen Palais; er fand einen Unterschlupf im zweiten Stock seines baufälligen Seminars.

Es ist eines der Seminare, die noch nicht geschlossen sind in diesem Land, wo die Kirchenverfolgung sich seit einigen Jahren wieder mehr hinter den Kulissen abspielt. Es ist vollgepfropft mit Hunderten von Gymnasiasten und Theologen aus den umliegenden Bistümern, die kein eigenes Seminar mehr haben. Die Professoren sehen aus wie Tagelöhner – sie haben noch harte Hände und verwitterte Gesichter aus den Zwangsarbeiterlagern, aus denen sie entlassen wurden. Der Rektor sitzt im Gefängnis. Der Vizerektor wurde vor einigen Jahren ermordet. Der Bischof gehört zu den Unbeugsamen, die mit den kommunistischen Machthabern keinen Frieden schließen wollen. Kein einziger Geistlicher in seiner Diözese hat sich der Organisation der Friedenspriester angeschlossen. Deshalb ist sein Klerus der ärmste, dem ich begegnete, ohne Gehalt, ohne festes Einkommen und dauernd den Belästigungen der Kommunisten ausgesetzt.

Es gibt auch Gegenden, wo die Bischöfe es hingehen lassen, daß ihre Priester in die Priestergewerkschaft eintreten, und wo die strengen Kirchenstrafen, die dagegen erlassen wurden, nicht angewandt werden. Es gibt sogar Länder, wo eine Reihe vorzüglicher Priester auf geheimen Befehl ihres Ordinarius diesem Verein beigetreten sind, um Schlimmerem vorzubeugen, oder wo ganze Ordensprovinzen von den Provinzialoberen in den Verein der Staatspriester eingeschrieben wurden. Diese unselige Verwirrung ist eine Frucht der kommunistischen Taktik, die Hirten von der Herde zu trennen und die Kontakte der Bischöfe untereinander und mit Rom zu verhindern.

Aber dieser Staubmantelbischof ist in seinem Widerstand

hart geblieben, wie mir schon an vielen Orten erzählt worden war. Dennoch sieht er nicht aus wie ein Haudegen. Er ist klein und alt. Der jahrelange Kampf mit den Behörden und das viele Leid, das seine Priester wegen seiner unversöhnlichen Haltung ertragen müssen, haben seine Gesundheit und seine Nerven zerstört. Seine Hände zittern, und er nimmt mich schweigend mit in die Bibliothek. Dort können wir ungestört reden: er fürchtet, daß in seinem Zimmer ein Mikrofon verborgen ist. Die Bibliothek offenbart die absolute Armut dieses Seminars. Sie besteht aus einer staubigen Sammlung altväterlicher Pastorenbücher aus dem 19. Jahrhundert. Bloß drei Bretter mit Noldins, Tanquereys und wenigen anderen Autoren sind brauchbar. Jedes dieser Werke ist in zwanzig oder dreißig Exemplaren vorrätig: je ein Handbuch für vier Seminaristen. Keiner von ihnen besitzt ein eigenes Kompendium der Dogmatik oder Moral. Nach ihrer Priesterweihe gehen sie ohne Bücher in die Pfarreien, die ihnen zugeteilt werden. Jeder Neupriester bekommt hier wenigstens drei Pfarreien.

Viele Kirchen und Pfarrhäuser sind in diesem Bistum zerstört. Es war System in dieser Zerstörung. Blühende katholische Gebiete wurden auf diese Weise demoralisiert und zum Teil durch Massenmorde entvölkert. Eine fremde Bevölkerung zieht jetzt in die Dörfer ein, Andersgläubige, die an den Kommunismus verkauft sind, dem sie ihre neue Lebensbasis verdanken. So wird die Kraft der Kirche gebrochen.

Im Zwielicht der Bibliothek faltet der Bischof eine Landkarte auf. Er zeigt mit kurzen Erläuterungen die am meisten bedrohten Gebiete. Seine schmalen Hände gleiten tastend über seine Diözese. Einmal liebevoll schützend, einmal mit heftiger Geste der Abwehr gegen drohende Gefahr. An zwei, drei Stellen, die strategisch wichtig sind, klopft er mit nervösem Ticken seines Fingers auf die Karte, entschieden und mit Nachdruck. Kleiner Bischof mit dem ungebrochenen Geist im zerfallenen Körper, Gottes Stratege in der geistlichen Guerilla hinter dem Eisernen Vorhang! Er bittet um Unterstützung für den Wiederaufbau dreier zentral gelegener Pfarrhäuser, von wo aus drei motorisierte Seelsorger (auch die Motorräder kommen von der Ostpriesterhilfe) die ganze Gegend betreuen könnten. Er ist bescheiden in seinen Wünschen. Jährlich vielleicht ein Pfarrhaus überdachen – die Mauern stehen noch – und vorläufig ein Zimmerchen bewohnbar machen. Er ist nicht anspruchsvoll, aber er macht mir klar, daß es ohne unsere Hilfe keinen Ausweg mehr gibt. Das Volk stirbt jetzt ohne Priester. Mit feuchten Augen fügt er noch hinzu, daß er gern auf jede andere Hilfe verzichten will, wenn wir ihm bei diesem Plan helfen wollen.

Ich habe ihm für alle drei Pfarrhäuser Geld und Baumaterial versprochen, obwohl ich noch nicht weiß, woher ich es holen werde.

Dieser kleine Greis verwaltet eine Märtyrer-Diözese. Er zeigt mir die Totenbildchen seiner ermordeten Priester, junge Männer in voller Lebenskraft. Er erzählt mir, wie tapfer seine Neupriester gesprochen haben vor dem Gericht, das sie verurteilte. Und ein Zittern ist in seiner leisen Stimme, wenn er vom Ausmorden seines Volkes in den ersten Jahren nach dem Krieg erzählt, von den Deportationen und vom Unverständnis des Auslandes für den Ernst der Situation, von seinem Schmerz, weil ihn die Regierung nicht zum Hl. Vater reisen läßt für seinen Besuch *ad limina,* und über seine Furcht, daß Rom vielleicht doch noch mit dem Kommunismus einen Kompromiß schließen könne: „Ein Abkommen mit dem Teufel ist unmöglich. Wir müssen getreu dem heldenhaften Weg folgen, auf dem die großen Märtyrerbischöfe, vor allem die Kardinäle Mindszenty und Stepinac, uns vorausgegangen sind."

Dann lädt er uns ein, das Seminar zu besichtigen. Die kahle Kapelle, der primitive Eßraum, die gemeinschaftlichen Waschräume, die nichts anderes sind als eine Reihe Wasserhähne über einem Stück Dachrinne. Die Schlafräume voll alter, krummgebogener rostiger Eisenbetten, Abfall von Spitälern und Flüchtlingslagern. Zwanzig Theologen schlafen in einem Saal. In der Abteilung des Knabenseminars zähle ich fünfzig Betten pro Saal. Die jungen Priester schlafen zu sechst und die Professoren zu zweit auf einem Zimmer. Hier wird mit dem Raum gewuchert, weil die Zahl der Neupriester mit jedem Quadratmeter Platzmangel abnimmt. Es gibt keine Schränke, nur zwei Bretter an der Wand, über die ganze Länge des Saals. Keine Stühle und Waschtische. Auf den Betten verschlissene Strohsäcke, sorgfältig geflickt und wiederhergestellt von den Schwestern in Zivilkleidung, die den Haushalt führen. An den Wänden ein Kreuz und das obligate Bild des roten Herrschers dieses Landes: „Christus ist auch für ihn gestorben", sagt der Bischof mit einem Lächeln ...

Tagsüber wohnen die Seminaristen in den hohen finsteren Räumen, in denen sie auch ihre Vorlesungen haben. Dort stehen altmodische hochbeinige Pulte mit Klappdeckeln von 60 cm Breite. Das ist der Lebensraum eines Seminaristen, zehn Jahre lang, während seiner ganzen Studienzeit. Im Keller wohnen und arbeiten die Schwestern. An den Wänden numerierte Fächer für die Wäsche der Studenten. Jeden Samstag verteilt eine Schwester die Wäsche. Aber viele Fächer sind leer, weil die Eltern zu arm sind. Nicht selten auch werden sie brotlos gemacht, weil ihr Sohn auf dem Seminar studiert. Es ist ein Wunder, daß sich noch so viele melden. Die meisten müssen wegen Platzmangel abgewiesen werden. Seit einigen Jahren dürfen die Jungen erst mit fünfzehn Jahren – nachdem sie die atheistische Staatschule mit dem kommunistischen Erziehungssystem absolviert haben – in das Knabenseminar aufgenommen werden. Sie müssen ihr Studium unterbrechen für den Soldatendienst, der oft drei Jahre dauert. Beinahe alle bleiben ihrer Berufung treu.

Der Bischof kennt die Fehler und Unzulänglichkeiten aus der Vergangenheit. Freimütig gibt er zu, daß die Kirche hier mit all ihren Privilegien und irdischen Sicherheiten in Verfall geraten war. Er sieht ein, daß viele ältere Priester wegen ihrer Erziehung und Tradition nicht imstande sind, die heutigen Schwierigkeiten innerlich zu meistern: „In den Stürmen dieser Verfolgung gehen ein Zeitalter und eine Generation zugrunde. Bloß meine jungen Priester, die durch Feuer und Wasser geläutert sind, garantieren die Zukunft der Kirche in diesem Land."

Diese jungen Priester, die besten Helfer des kleinen Staubmantelbischofs, werden von Gott selbst in diesem Proletarier-Seminar erzogen. Eine Brigade wahrer Apostel, von allem losgelöst und zu allem bereit. Sie lachen über die Maßnahmen, die die Regierung gegen sie erfindet. Auch ohne unsere Hilfe würden sie durchhalten, bis zum Untergang des Kommunismus oder bis zu ihrem eigenen Märtyrertod. Aber wir müssen fürchten, daß Gott uns straft, wenn wir diese Tapferen ihrem Schicksal überlassen und nicht zu jedem Opfer bereit sind, um ihnen zu helfen!

* * *

Der dritte Bischof ist 73 Jahre alt. Aus seinem mageren, transparenten Gesicht strahlen Güte und Liebe. Er ist sehr höflich und bescheiden. Mit drei betagten Verwandten lebt er in einem Nebengelaß seines verfallenen Palais. Er hat kein Dienstpersonal. Seinen Tag beginnt er mit einer Stunde Betrachtung. Um halb sechs zelebriert er die heilige Messe. Ab sieben Uhr arbeitet er an seinem Schreibtisch. Einen Sekretär hat er nicht. Beinahe jeden Sonntag ist er unterwegs, um in den Dörfern die hl. Firmung zu spenden. Er hat kein Auto. Ohne Begleitung muß er bei Wind und Wetter durch das Gebirge wandern, um zu predigen, zu firmen, um seine armen Priester und Gläubigen zu ermutigen. Seine Priester leben von den Almosen ihrer Pfarrkinder. Er selbst aber hat keine eigene Pfarrei, und so ist der Bischof der Ärmste von allen.

Dieser Bischof hat geweint, als ich bei ihm war. Auch bei ihm ging es um die Existenz seines Seminars, wofür ihm alle Mittel fehlen. Sehr bald braucht er eine beträchtliche finanzielle Unterstützung. Zögernd nannte er den Betrag von 20. 000 Dollar. Sonst würde er sich gezwungen sehen, das Seminar zu schließen.
Für die Seminaristen ist kein Essen mehr vorhanden, und die Gläubigen sind nicht mehr imstande zu helfen. Sie haben die äußerste Grenze ihrer Möglichkeiten erreicht. Die Gebäude stehen vor dem Einsturz. Bettzeug fehlt. Für je zwei Seminaristen ist nur *ein* Trinkglas vorhanden. Sie haben kein Geschirr und essen aus Konservendosen, Hunger und Krankheit gefährden die Berufung von 93 Seminaristen. Schon sind viele Pfarreien verwaist, die Kirche kann keinen einzigen Priester mehr entbehren. Die Seminaristen sind zu jedem Opfer bereit. Auch in diesem Land müssen sie drei Jahre harten Wehrdienst leisten. Der Bischof schreibt es dem besonderen Schutz der Gottesmutter zu, daß bis heute kein einziger seiner Studenten seine Berufung verloren hat und daß alle seelisch und sittlich unverletzt vom Militär zurückgekehrt sind. Was den Seelen in der Verfolgung mangelt, ersetzt der Heilige Geist durch außerordentliche Gnaden. Auch die Eltern der Seminaristen sind heldenhaft in ihrer Opferbereitschaft, und die Zahl der Priesterberufe hat sich in den letzten Jahren mehr als verdoppelt.
Die offensichtliche Verfolgung ist zur Zeit weniger heftig – aber durch wirtschaftlichen Zwang, Erpressung, Verbot der kirchlichen Kollekten, unrechtmäßige Steuern und Aushungerung versucht die Regierung, die Treue der Gläubigen und die Standhaftigkeit der Priester zu untergraben. Nur aus dem Ausland kann Hilfe kommen.
Es wäre ein Unheil für die Kirche und eine Schande für den Westen, wenn Gottes Werk in den Seelen dieser Seminaristen zunichte würde, weil ihnen die Gläubigen in der freien Welt die unentbehrliche Hilfe vorenthalten würden.

* * *

Der vierte Bischof warnte nachdrücklich vor der gefährlichen Versuchung, zwischen Kirche und Kommunismus irgendeinen Vergleich anzustreben. Faktisch ist keine einzige kommunistische Regierung – auch nicht die polnische oder jugoslawische – zu einer wirklichen Koexistenz mit der Kirche bereit. Unter dem Kommunismus gibt es für die Kirche keinen *modus vivendi,* sondern nur einen *modus moriendi,* eine langsame, aber sichere Agonie im Würgegriff eines Systems, das in seinem tiefsten Wesen materialistisch, gottlos und des Teufels ist. Darum hat es keinen Sinn, durch gewisse Zugeständnisse die Machthaber günstig zu stimmen oder durch sklavenhafte „Legalität" zu beweisen, daß die Kirche bereit ist, sich den neuen Verhältnissen anzupassen. Im wesentlichen sind alle kommunistischen Gesetze dem Geist und dem Buchstaben nach darauf gerichtet, die Kirche zu vernichten. Gehorcht die Kirche diesen Gesetzen, bestätigt sie ihr eigenes Todesurteil. Es hat keinen Sinn zu verheimlichen, daß die Kirche in vielen Ländern Zentraleuropas einem gewissen Verfall unterlag. Liberalismus und Josephinismus haben vor allem in der alten Donaumonarchie tiefe Wunden geschlagen. Die materielle Sicherheit, die der Staatskirche geboten wurde, diente nicht immer dem Geist der Unabhängigkeit, in dem Bischöfe und Priester sich Mißständen widersetzen sollen. Vor allem bei der Kapellenwagenmission der Ostpriesterhilfe unter den Flüchtlingen aus jenen Ländern hat sich gezeigt, wie unzureichend die Seelsorge in manchen der heutigen Satellitenstaaten gewesen ist. Es ist dann auch begreiflich, daß ein Teil der Geistlichkeit und breite Schichten der Bevölkerung der Kirchenverfolgung nicht gewachsen waren, und daß es auch Bischöfe gab und gibt, die der kämpferischen Haltung der Kardinäle Mindszenty und Stepinac nur zögernd folgen. Die Tragödie der Friedenspriester, die sich meistens aus Angst oder materiellen Vorteilen zuliebe oder um Schlimmeres zu verhindern in den Dienst des kommunistischen Regimes stellen, zeigt die Verwirrung, die im Osten herrscht.

Uns, die wir in sicherer Freiheit leben, steht es nicht zu, diese Brüder mit Steinen zu bewerfen. Sie ringen mit Gott, ihrem Gewissen und ihren menschlichen Ängsten und haben nicht immer die Kraft, den schwersten Weg zu wählen. Zum Teil sind sie Opfer ihrer Erziehung und der schwierigen Verhältnisse, für die man sie nicht verantwortlich machen kann. Ganz gewiß gilt hier das Wort Jesu, daß wir nicht richten dürfen. Wir müssen für sie beten und sollten nur mit Liebe an sie denken. Frage sich jeder, ob er selber bereit wäre, alles für seinen Glauben zu opfern.

Aber wir dürfen uns auf keinen Fall durch den Kompromiß, den sie geschlossen haben, beeinflussen lassen, noch an der Richtigkeit des radikalen Standpunktes zweifeln, den die Besten eingenommen haben.

Es gibt in Osteuropa Länder, in denen 80 bis 90 % der kirchlichen Kollekten und Einnahmen als Steuern an den Staat abgeführt werden müssen. Es gibt Länder, in denen Bischöfe und Priester beim Finanzamt in die Hunderttausende verschuldet sind und wo immer wieder Eigentum zur Deckung dieser Schulden gepfändet wird. In zahlreichen Schauprozessen wurden Bischöfe und Kardinäle verurteilt, weil sie auf unrechtmäßige Weise Geld aus dem Ausland erhalten haben sollen. Man nennt das Devisenvergehen. Und der brave Westen war immer wieder ganz verstört, wenn ein angeklagter Bischof sich solch einer Missetat schuldig bekannte. Und hinterher war ein solches Geständnis Anlaß, auch von hier aus Märtyrer und Bekenner zu verleumden, sie als Reaktionäre und politisch verseuchte Klerikalisten hinzustellen und die Lauterkeit ihrer geistlichen Haltung zu besudeln. Das ist selbst den Kardinälen Mindszenty und Stepinac nicht erspart geblieben. Sie wurden als dumm und unvernünftig beschimpft, weil sie sich über Verordnungen hinwegsetzten, die das Recht der Kirche unterdrückten. Sie wurden desavouiert durch Katholiken, die alle Weisheit gepachtet haben. Aber die gequälten Völker im Osten sind ihnen dankbar für das Risiko, das sie eingegangen sind. Und fast zwei Jahre nach dem Tode Kardinal Stepinacs ist sein mit Blumen bedecktes Grab in der Kathedrale von Zagreb noch täglich von morgens früh bis abends spät von betenden Menschen umdrängt, denen sein Vorbild Kraft gibt, Gott und die Kirche nicht zu verraten.

Die Kirche steht in einem Kampf auf Leben und Tod. Nie kann eine Legalität im kommunistischen Sinn höchste Richtschnur ihres Handelns sein. In der Bedrängnis wachsen ihr neue Helden und Heilige, die entschlossen sind, Gott mehr als den Menschen zu gehorchen. Sie handeln nach ihrem Gewissen und sind bereit, auch die Konsequenzen zu tragen. Viele müssen als Opfer fallen, aber das Leben geht weiter.

Wir haben allen Grund, den Bischöfen, Priestern und Laien, die hinter dem Eisernen Vorhang wegen „illegaler" Handlungen in den Kerker geworfen werden, Respekt und Vertrauen zu erweisen. Und es ist eine Schande, daß Helden im Osten von einer Scheinjustiz verurteilt, im Westen verächtlich gemacht werden, weil sie sich der Willkür ungerechter Gesetzte nicht gebeugt haben.

Darum sucht die Ostpriesterhilfe unermüdlich nach neuen Wegen und Möglichkeiten, die Hilfe des Westens vor allem zu jenen harten, unbeugsamen Kämpfern zu bringen, die ihr Brot, ihre Freiheit und ihr Leben einsetzen, auf daß die Kirche im Osten den roten Terror übersteht. -

Gesang im Feuerofen

Nur wenige können den Sprung über den Eisernen Vorhang wagen, um selbst zu sehen, wie Jesus in Seiner verfolgten Kirche leidet. Aber die Liebe vieler, geweckt durch die Ostpriesterhilfe, dringt nach Osten vor. Und das Echo dieser Liebe kehrt in Tausenden von Briefen wieder, die uns aus allen Ländern der roten Unterdrückung erreichen.

Die Christen unter dem Terror der Diktatoren sind wie die Jünglinge aus dem Buch Daniel, die von Nebukadnezar in den glühenden Feuerofen geworfen wurden. Sie werden geläutert für eine Zukunft, von der sie nicht wissen, ob sie noch auf Erden oder erst im Himmel anfangen wird. Sie werden in ihrem Glauben geprüft. Die Diener des großen Tyrannen hören nicht auf – wie einst die Chaldäer in der Ebene Dura der Provinz Babylon –, „den Ofen mit Nephta, Pech, Werg und Reisig zu erhitzen, so daß die Flamme bis 49 Ellen über den Ofen auflodert". Aber auch jetzt geschieht es, „daß die Gemarterten inmitten der Flammen wandeln und Gott loben und den Herrn segnen und daß ein Engel des Herrn zu ihnen herabsteigt, so daß das Feuer sie nicht mehr peinigt und ihnen nicht mehr schadet".

Der Gesang der verfolgten Kirche im Feuerofen des Kommunismus wurde registriert in unzähligen Briefen, von denen wir hier eine Anzahl Fragmente veröffentlichen. Ein Gesang, der schreiend gen Himmel steigt und randvoll ist von Not, Angst, Kummer, Hunger, Schmerz und Verzweiflung.

Aber mitunter spürt man, daß der Engel des Trostes unsere gequälten Brüder besuchte. Wisse denn, daß die Ostpriesterhilfe in deinem Namen bei ihnen war . . .

Ein Priester in Mitteldeutschland: Herzlichen Dank für die vielen Pakete, die ich schon durch die Vermittlung von Frau Kr. von Ihnen erhalten durfte. Es waren viele Leckereien dabei, die ich unter unsere alten Leutchen verteilte. Weil sie nicht mehr arbeiten können, bekommen sie nur eine Lebensmittelkarte B, und diese reicht nicht aus, um einen Menschen am Leben zu erhalten. Mit der kleinsten Gabe, die ihr Menü etwas aufpulvert, sind sie froh wie die Kinder. Voller Freude erhielt ich auch das herrliche violette Meßgewand, das Brevier mit der neuen Psalmübersetzung und den schönen schwarzen Stoff, der für meine Soutane dienen wird. Ich fühle mich zu großem Dank verpflichtet und werde diese Schuld möglichst gut mit Gebet tilgen.

Ein Mädchen in Litauen: Lieber Pater, meinen Brief fange ich an mit den Worten „Gelobt sei Jesus Christus". Mit herzlichem Dank und mit den Augen voller Freudentränen öffneten wir das Paket, das Sie, lieber Pater, uns geschickt haben. Ich weiß nicht, ebensowenig wie meine Eltern, mit welchen Worten wir Ihnen danken sollen. Meine Eltern sind in großer Not, und das Paket hat uns gerettet. Wir vergessen nie mehr, daß wir jeden Abend für Sie beten werden und verabschieden uns mit einem christlichen Gruß. Renate Woitias.

Ein junge Frau: Wir erhielten gestern die zwei Pakete mit Babywäsche. Es gibt Momente, da das Wort „Dank" nicht wiedergeben kann, was man empfindet ... Ich habe geweint. Nicht aus Mitleid mit mir selbst, wie ich es früher öfters tat, aber weil ich zum erstenmal seit langem wieder glücklich war. Mein Mann ist jetzt seit acht Monaten aus dem Gefängnis zurückgekehrt, körperlich und seelisch gebrochen. Ich selber war sieben Jahre in Haft. Von diesem Elend werde ich lieber schweigen. Vater, der Bankdirektor war, bekam nach 42 Dienstjahren von den heutigen Machthabern die Gelegenheit, als gewöhnlicher Angestellter wieder anzufangen. Sein ganzer Besitz wurde beschlagnahmt. Wir erwarten ein Kind. Wir haben nichts, und Menschen, die es gut mit uns meinen, sagten, es sei ein Verbrechen, jetzt ein

Kind in die Welt zu setzen. Aber mein Mann sagte: „Wenn Gott uns dieses Kind schenkt, dann deshalb, weil Er schon weiß, wie Er uns helfen wird, es zu einem guten Menschen zu erziehen." Und so ist es schon geschehen.

Ein Theologe im Osten: Obwohl Ihre Sendung bloß die Initialen ES trug, bin ich doch sicher, daß ich mit meinem Dankbrief bei Ihnen an der richtigen Adresse bin. Das schöne Brevier hat mir eine große Freude bereitet. Ich gehöre jetzt zu den wenigen im Seminar, die ein Brevier mit der neuen Psalmenübersetzung haben, und ich danke Ihnen dafür von ganzem Herzen. Ich werde für Sie beten. In 14 Tagen werde ich zum Priester geweiht. Dann wird für mich eine schwere Zeit anbrechen, aber Gott wird mir helfen.

Ein rumänischer Bischof am Vorabend seiner Verhaftung: Die Stunde des christlichen Heroismus hat auch in unserem rumänischen Land geschlagen. Unsere Vorfahren richten ihre Blicke auf uns und sagen: „Wir haben mit Blut und Leichen die nationale Freiheit erworben, jetzt seid ihr an der Reihe, die Kathedrale der Freiheit und des religiösen Gewissens zu bauen." Die rumänische unierte Kirche, die wahre Kirche des Heilandes unter den Rumänen, leidet Gewalt. Jesus selbst wird in Seinem mystischen Leibe aufs neue beleidigt, mit Dornen gekrönt und gekreuzigt. Viele räumen das Feld und haben Angst vor dem Karfreitag, obwohl eben jetzt die Stunde angebrochen ist, den Glauben ohne Angst zu bekennen. Die Vorsehung gibt uns die außerordentliche Chance zum Heldentum der Heiligkeit. Wir dürfen Gott und dem Vaterland diesen heiligen Ruhm nicht verweigern. Nach beinahe zweitausend Jahren sind wir an der Reihe. Die Welt hält das Auge auf uns gerichtet. Die Namen der Judasse stehen in den Zeitungen ...

Ein tschechischer Monsignore: Nachdem ich erst wegen

eines geringfügigen „Verbrechens“ von der Gestapo verhaftet und zum Tode verurteilt worden war, brachte das Kriegsende meine Befreiung. 1948 wurde einer meiner Freunde von den Kommunisten verhaftet, und nachdem sie ihm alle Zähne aus dem Mund geschlagen hatten und seine rechte Hand durch Mißhandlungen gebrochen war, unterzeichnete er ein falsches Zeugnis gegen mich. Ich wurde vor ein Volksgericht gestellt und verurteilt zu zwei Jahren Haft, Verlust meines Vermögens und aller meiner Rechte. Damals war ich 68 Jahre alt. Ich wußte, daß ich das nicht überleben würde. Darum wagte ich die Flucht. Mitten in der Nacht schwamm ich über den Fluß, der mich von der Freiheit trennte, und überschritt, zwei Tage später, völlig durchweicht, die bayerische Grenze. Ich erhielt eine Unterstützung von 85 Mark im Monat. Viel kann ich nicht mehr tun, denn ich bin alt und kränklich, aber ich besuche die alten und kranken Flüchtlinge, die meine Schicksalsgenossen waren. Ihre Pakete sind sehr willkommen, denn sie versetzen mich in die Lage, Geld für meine Armen zu sparen.

Ein junger Pole in Westeuropa: Schon fünfzehn Jahre bin ich ohne Eltern. Ich bin in Ostpolen geboren. Im Oktober 1939 wurde ich nach Rußland deportiert; ich war damals vierzehn Jahre alt. Ich mußte schwer arbeiten im Torffeld bei Smolensk. Als 1942 der Vertrag zwischen England, Rußland und Amerika unterzeichnet wurde, flog man uns nach England, und sechs Monate später war ich an der Front. Dort fand ich meinen Bruder wieder, der schon 1939 nach England geflüchtet war. Leider wurde er kurz darauf bei Monte Cassino abgeschossen und kam ums Leben. So blieb ich wieder allein bis zum Ende des Krieges, der für die polnischen Soldaten furchtbar war. Immer kämpfen in den gefährlichsten Abschnitten und niemals für unser eigenes Vaterland. Weil mein Bruder und ich in der englischen Armee waren, wurde mein Vater 1943 von der Gestapo verhaftet. Er starb in Dachau am 7. April 1944. Im Krematorium wurde er verbrannt. Vielleicht wäre es für mich besser gewesen, wenn Gott mich zu sich genommen hätte. Bis jetzt suche ich vergebens meine Mutter und meine anderen Geschwister. Ob sie noch leben? Wahrscheinlich sind sie von den Russen verhaftet worden, weil wir in der Anders-Armee gekämpft haben und nicht nach Polen zurückgekehrt sind. Jetzt bin ich hier im Westen, ganz allein, ohne Arbeit, ohne Familie oder Freunde, ohne Dach über meinem Kopf. Meine Kleider habe ich verkauft für ein Stück Brot, um nicht vor Hunger zu sterben.

Eine Familie in der deutschen Ostzone: Voller Freude empfingen wir Ihr Paket. Wir danken Ihnen herzlich für alles. Jedesmal, wenn ein Paket eintrifft, spüren wir, daß wir nicht vergessen sind. Unser Pfarrer und der Kaplan haben 67 Dörfer zu betreuen. Ihr Leben ist oft härter als das eines Missionars im Urwald. Es geschieht oft, daß wir stundenweit zur Kirche müssen, um eine Sonntagsmesse zu haben. Im Winter, wenn die Straßen tief verschneit sind, bleiben wir in unserem Dorf und beten zusammen die Messe. In diesem Jahr feierten wir die Osternacht in einer Scheune, wovon die Hälfte als Kirche eingerichtet ist. Aber der Heiland ist in einer Scheune geboren, und wir glauben wohl, daß Er sich bei uns heimisch fühlt ...

Eine Hausfrau in Sopron (Ödenburg): Ohne Schwierigkeiten passierte das Paket, das Sie uns zuschickten, die Kontrolle. Es brachte uns einen unverhofften Ausweg in bitterer Not. Mein Mann leidet an Lungen- und Augentuberkulose und kann nicht arbeiten. Deshalb bekommen wir eine Lebensmittelkarte der dritten Kategorie. Das ist zu wenig, um zu leben. Aber jetzt sind wir wieder für eine Zeitlang gerettet, und wir denken an das Wort des Evangeliums: „Kümmert euch nicht um das, was ihr morgen essen sollt ...“

Ein kommunistisches Volksfremdwörterbuch: Der Vatikan ist das religiöse administrative Zentrum der katholischen Kirche. Es gehörte immer zu den Zentren der internationalen Reaktion. Heute ist der Vatikan ein aktiver Vorkämpfer der imperialistischen Politik der USA und Großbritanniens. Er dient den verbrecherischen Zielen der amerikanischen und englischen Imperialisten und ist der Brandstifter eines neuen Krieges. Er ist ein unversöhnlicher Feind der nationalen Freiheitsbewegung der unterdrückten Völker und eine Agentur der imperialistischen Eroberer in den Kolonialländern. Der Vatikan unterstützt den Faschismus und führt einen erbitterten Kampf gegen die UdSSR und gegen die volksdemokratischen Kräfte der ganzen Welt.

Ein Priester in der Ostzone: Ich kann noch immer nicht glauben, daß der beinahe neue Volkswagen, der hier jetzt steht, mir gehört und daß ich nun nicht mehr mit meinem alten Fahrrad durch jedes Wetter fahren muß, um einen Sterbenden zu versehen oder jeden Sonntag auf weit entfernten Stellen viermal zu zelebrieren. Derjenige, der mir den Wagen besorgte, wird Ihnen erzählen, wie ungläubig ich ihn angeschaut habe, als er mir sagte, daß ich den Wagen behalten dürfte. Es schien mir so unmöglich, daß es noch Menschen gibt, die zu derart großen Opfern für die Ausbreitung des Gottesreiches fähig sind. Darum bitte ich Sie um Verzeihung für meine Kleingläubigkeit.

Ein Priester in Osteuropa: Mit großer Freude habe ich Ihre fürstliche Gabe für unser Kirchlein erhalten. Obwohl ich meinen Pfarrkindern nichts verraten darf von Ihrer edlen Geste, habe ich doch eine Möglichkeit gefunden, um Ihnen zu danken: jeden Tag beten wir nach der hl. Messe ein Gebet für einen unbekannten Wohltäter. Ich füge zwei Fotos unseres Kirchleins bei. Die ganze Gemeinde hat daran mitgearbeitet. Von den Schulkindern an bis zum Ingenieur und Architekten.

Eine Mutter in Polen: Am 19. März traf Ihr Paket ein, genau auf den Namenstag meiner Tochter Josefa. Sie ist auch am 19. März geboren, und deshalb nannten wir sie Josefa. Die Freude meines Kindes war sehr groß. Sie meinte, daß es bestimmt ihr Papa im Himmel war, der Ihnen den Gedanken eingab, auf diesen Tag für uns zu sorgen. Ich habe dem lieben Gott gedankt, daß Er uns diese Freude schenkte. Er hat uns in unserer Not nicht vergessen.

Ein Priester in Ungarn: Sie können sich nicht vorstellen, wieviel Gutes wir mit den Paketen tun können, die Sie uns schicken. Wir Priester sind nicht bloß der geistliche Vater, sondern sehr oft auch der Nährvater für einen Großteil unserer Gläubigen. Die Leute kommen zu uns mit einem grenzenlosen Vertrauen. Von einem Lehrer, dem ich regelmäßig einen Teil Ihrer Liebesgaben zuschicke, erhielt ich einen Brief, in dem er mir mitteilte, daß seine Kinder über nichts anderes mehr sprechen als über den mysteriösen Onkel, der aus einem fernen Land Pakete schickt, weil er weiß, daß sie arm sind.

Eine Mutter, die ihren Priestersohn in der Ostzone besuchte: Mit meinem Sohn besuchte ich verschiedene Außenstationen seiner Gemeinde. Überall herrscht dasselbe Elend. Die Menschen kommen von sehr weit zu den Notkirchen, die oft in einem erbärmlichen Zustand sind, so daß es schwer ist, dort würdig eine hl. Messe zu lesen. Und dennoch beten diese gequälten Menschen in dem häßlichen Raum mit einer Andacht und Innigkeit, die man in unseren schönen Kirchen mitunter weit suchen muß. Nach der hl. Messe kommen die Armen mit ihren Sorgen und

Nöten zu dem Priester. Er hilft ihnen, so gut er kann. Vor allem die alten Leute leben in einer unbeschreiblichen Armut. Da sie nicht mehr arbeiten können, bekommen sie eine Lebensmittelkarte, auf die ihnen nur sehr wenig zusteht. Wollen sie nicht vor Hunger umkommen, müssen sie notgedrungen versuchen, etwas ohne Marken dazuzukaufen. Dadurch geraten sie in Schulden, die sie nachher nicht zahlen können. Hier muß der Pfarrer dann und wann rettend eingreifen. Die nahrhaften Lebensmittel der Ostpriesterhilfte, die ich monatlich weiterschicken darf, haben hier schon viel Not gelindert.

Ein slowakischer Priester: Ich komme aus einem Gefängnis in der Slowakei, wo ich 1945 interniert wurde. 1946 wurde ich zum Tode verurteilt, aber zwei Jahre später zu dreißig Jahren Zuchthaus begnadigt. Nach zehn Jahren strenger Haft wurde ich entlassen und sofort über die Grenze abgeschoben. Wenn man einmal im Westen ist, vergißt man sehr schnell, daß noch so viele Priester und Laien hinter dem Eisernen Vorhang in Gefängnissen leiden. Wir Priester waren von den Laiengefangenen strengstens isoliert. Bei uns waren viele Bischöfe und höhere Geistliche. Zelebrieren konnten wir nur im geheimen. Wenn der Wächter es entdeckte, wurden wir hart bestraft.

Von einem Bischof, der 1953 ins Gefängnis kam, habe ich viel über die Verfolgung erfahren. Er erzählte uns, daß jeder Geistliche, der Rom öffentlich die Treue hält, früher oder später ins Gefängnis kommt. Verbindung mit dem Vatikan wird als Hochverrat und Spionage betrachtet. Die Geistlichen, die sich den Befehlen des Staates unterwerfen, dürfen noch eine gewisse priesterliche Aktivität ausüben, aber sie werden vom Büro für kirchliche Angelegenheiten streng kontrolliert. Praktisch leitet dieses kommunistische Büro die katholische Kirche in der tschechoslowakischen Republik. Weil ich selbst zehn Jahre lang in dieser Atmosphäre gelebt habe, schätze ich sehr, was Sie für unsere armen Glaubensbrüder in meiner Heimat tun. Selbst brauche ich nichts, denn ich habe im Gefängnis gelernt, mit wenigem zufrieden zu sein.

Ein Pfarrer in Ungarn: Gerade sind die 500 ungarischen Katechismen hier eingetroffen. Ihr könnt es Euch nicht vorstellen, wie sehr mir dadurch geholfen wird. Bis jetzt mußten sich die Kinder mit vier verschiedenen Ausgaben behelfen. Für jeweils sieben Kinder hatte ich einen Katechismus, oft mit der Hand abgeschrieben. Jetzt kann ich jedem Kind zur hl. Firmung einen Katechismus schenken. Gott segne Euch.

Ein junger Mann in der Tschechoslowakei: Mein Freund hat ein Paket bekommen und es brüderlich mit mir geteilt. Wir wollten beide Arzt werden. Weil wir keine Parteigenossen sind, dürfen wir nicht studieren. Jetzt arbeiten wir zusammen an einer Autostraße. Meine Gesundheit ist schwach, und ich weiß nicht, wie lange ich diese schwere Arbeit noch durchhalten kann. Ich füge meine eigene Anschrift und die eines Priesters bei, der in unserer Nachtschicht arbeitet.

Ein Priester hinter dem Eisernen Vorhang: Lieber Pater, es wird Sie als Initiator der Kapellenwagenmission interessieren, daß ich Ihrem Beispiel gefolgt bin. Mit Hilfe einiger tüchtiger junger Arbeiter habe ich einen alten Möbelwagen zum Kapellenwagen umgebaut. Gezogen wird er von einem geliehenen Pferd, dafür brauchen wir keine Genehmigung. Er dient in fünf Ortschaften als Kapelle und Unterrichtsraum. Ein Mitbruder, dem ich auch einen Möbelwagen besorgen konnte, ist meinem Beispiel gefolgt. Wir wollen noch zwei Wagen für denselben Zweck umbauen. Die Einrichtung des ersten hat 300 Dollar gekostet. Die anderen hoffen wir mit einem Drittel dieser Summe fertig zu bekommen. Kennen Sie nicht einen guten Menschen, der 100 Dollar für diesen Zweck übrig hat? Der Weg ist Ihnen wohl bekannt.

Ein Familienvater im Osten: Früher war ich Richter, jetzt bin ich in einem Kohlenbergwerk. Sie werden schon verstehen, warum. Meine Frau und vier Kinder leben in Armut, 300 km von mir entfernt. Meine Gattin verdient etwas Geld als Putzfrau. Meine Kinder dürfen nicht studieren. Möge diese Prüfung doch endlich einmal aufhören. Wir können es nicht mehr lange ertragen. Die Pakete, die Sie schon so lange regelmäßig an meine Familie schicken, sind mir ein großer Trost ...

Eine Arbeiterfrau in Ungarn: Sie haben vielleicht unsere Revolution vergessen ... wir nicht. Ich nicht, lieber Pater, denn jedesmal, wenn ich an Janos denke, meinen Ältesten, der von einem russischen Panzer getötet wurde, beginnt in meinem Mutterherzen eine Revolution ... gegen alles. Und manchmal, ich muß es Ihnen schreiben, Pater, manchmal gibt es in meinem Herzen eine Revolution gegen Gott. Dann frage ich mich, warum? Im Westen lebt man frei und unbesorgt. Für sie ist Ungarn fern. Sie haben Janos nicht gekannt. Aber ich wohl, lieber Pater, er war mein Ältester ... und jetzt habe ich das Paket bekommen und den Brief, der zwischen den Kleidern lag. Jetzt fühle ich wieder, daß man im Westen an uns denkt. Das hat mir viel geholfen. Den grau-schwarz gestreiften Anzug, der Janos so gut gepaßt hätte, habe ich dem Sohn meiner Schwester gegeben. Die hat es schlimmer als wir. Er war so froh damit, aber ich bekam Tränen in die Augen und dachte, Janos ist nicht umsonst gestorben ... Sie denken an uns, lieber Pater.

Eine Klosterschwester in Kroatien: Ihre Sendung ist gut

eingetroffen: Alles, worum wir baten, haben Sie uns geschickt. Wir haben hier eine alte blinde Schwester, die den ganzen Tag betet, um Ihnen für Ihre Güte zu danken. Ihre Pakete verschafften uns die Möglichkeit, armen Kindern zu helfen. Die werden auch für Sie beten. Sie müssen viel Spott und Verfolgung ertragen, weil sie in die Kirche gehen. Von den 60 Kindern, die der hochwürdige Herr Pfarrer zur Ersten heiligen Kommunion vorbereitete, sind nur 13 gekommen, ohne Eltern. Jedermann hat Angst.

Ein Priester in Albanien: Ihre Liebesgaben waren mir ein großer Trost. Oft hat man den Eindruck, auf verlorenem Posten zu stehen mit dem Angstschrei: „Herr, rette uns, denn wir vergehen!" Die Antwort: „Fürchtet euch nicht!" kam heute mit Ihrem Paket. Jetzt wissen wir wieder, daß der Herr getreu ist und uns retten wird.

Eine Großmutter in Ungarn: Tibor haben sie auch totgeschossen. Morgens um sechs Uhr haben sie ihn leichenblaß zum Exekutionsplatz geführt. Sein Kindergesicht steht mir Tag und Nacht vor Augen. Damals beim Aufstand ist er erst 15 Jahre alt gewesen. Nun haben sie gewartet, bis er 18 war, um ihn erschießen zu können. Die wußten schon, daß er ein tapferer Sohn seines Vaters war und daß er niemals vor ihnen kapitulieren würde. Jetzt haben mir die Kommunisten das Allerletzte genommen, was meinem Leben noch einen Sinn gegeben hat. Bete, daß Gott mich bald heimholt, damit ich Tibor und alle meine Lieben bald wiedersehe.

Die Mutter eines tschechischen Priesters: Aus der Schweiz haben wir 150 Bons erhalten. Wir können Ihre Wohltat nicht anders vergelten als durch Gebet. Und das tun wir fleißig. Jetzt, da wir die Coupons haben, können wir sogar Zement bekommen. Sie werden vielleicht darüber lachen, lieber Pater Werenfried, Zement ist so etwas Gewöhnliches! Aber unser baufälliges Pfarrhaus muß dringend repariert werden, und seit zwei Jahren versuchen wir vergeblich, den unentbehrlichen Zement zu bekommen. Mit den Coupons geht es jetzt sehr einfach.

Ein Priester in Polen: Meine Kirche ist fertig. Tag und Nacht haben meine Pfarrkinder, ohne Ausnahme einfache Leute, gearbeitet, um die Kirche unter Dach zu bekommen. Stein, Zement und Eisen verdanken wir Ihnen. Um eine Baugenehmigung habe ich nicht gebeten; aber als die Kontrollkommission kam und den Befehl gab, die Kirche wieder abzureißen, sind mein Arbeiter gruppenweise aufmarschiert. Man muß hier etwas wagen. Die Ängstlichen werden verhaftet, damit sie schwach werden. Die Mutigen werden höchstens erschossen, aber das paßt vorläufig nicht in ihre Pläne. Deswegen können wir weiterarbeiten.

Eie deportierte Ordensschwester in Rußland: Meine lieben Eltern! Nun gibt sich doch die Gelegenheit, Euch ein Lebenszeichen zu schicken. Aber ob mein Briefchen ankommt? Ob Ihr mich schon gestorben glaubtet? Es ist ja schon so lange her, daß wir Schwestern nach Rußland verschleppt wurden. Aber spürt Ihr nicht, wie oft mein Heimweh und meine Sehnsucht bei Euch anklopfen? Manchmal möchte ich schreien: „Vergeßt uns nicht. Betet für uns! Helft uns! Wir sind so arm, so verlassen, im tiefsten Elend. Betet für uns!"
Es ist so furchtbar, was wir durchmachen. Wir werden wie Tiere behandelt, mit Schlägen zur Arbeit getrieben. Wir gelten weniger als Tiere, denn auf uns wird gar keine Rücksicht genommen. Ob wir zusammenbrechen und tot liegenbleiben oder ob uns eine Wache zu Tode prügelt, ist ganz gleichgültig. Mit mutlosem Herzen wanken wir zur Arbeit. Und wenn die Arbeit nicht rasch genug vorangeht oder die Wache schlecht gelaunt ist, dann saust die Peitsche auf uns. Erst hat-

ten wir an einer großen Brücke über den Dnjepr gearbeitet. Schwerste Männerarbeit. Eisenbalken tragen und schieben hoch über dem breiten Fluß. Wer zusammensank, bekam die Peitsche. Wer liegenblieb, den stieß der Wärter hinunter in den Fluß. Den ganzen Tag schwerste Arbeit bei ganz trauriger Ernährung. Viele erlagen den Anstrengungen, und wir beneiden sie um den Tod. Gegenwärtig arbeiten wir in einem Bergwerk, den ganzen Tag unter der Erde, in schlechter Luft. Viele sind schon gestorben.

Wenn wir nur jemanden hätten, der uns ermutigte! Aber wir haben gar niemanden. Wir sind ganz verlassen und vereinsamt. Kein Sonntag, keine geistliche Übung, keine heilige Kommunion. Nur Arbeit, Hunger, Schläge, eine kalte Baracke, eine harte Pritsche, wir selbst in Lumpen gekleidet. Und immer schwerste Arbeit und ungestillten Hunger. Wir sind kaum mehr Menschen.

Wir geben uns alle Mühe, den Glauben an die Vorsehung hochzuhalten, immer wieder zu beten: „Ich glaube, ich vertraue." Aber es ist so dunkel in der Seele, so tief dunkel. Und die Seele schreit: „Mein Gott, mein Gott, wie hast Du uns verlassen!" Es ist so schwer, keine Hoffnung zu sehen, keinen Stern. Mutter, begreifst Du mich, wenn dann die Frage kommt: „Wie kann Gott das zulassen? Warum denn? Wie lange noch? Wir gehen ja alle zugrunde." Aber wir glauben an Gott und vertrauen auf die Vorsehung. Trotz allem. Wir alle tragen noch das Kreuz auf unserer Brust, und inmitten aller Not und Verlassenheit bekennen wir uns zu Ihm, dem wir doch die Treue halten wollen bis zum Tod. Aber betet für uns, bitte, betet für uns!

Ich kann Dir nicht alles sagen, wie man uns Frauen erniedrigt, uns die Ehre nimmt und mit Füßen tritt. Und wir sind doch alle Schwestern, die sich dem Heiland geweiht und die trotz allem Ihm allein gehören. Aber die Not, die Seelennot, ich kann es nicht sagen. Wir sind ohne jedes Recht, wir werden mit Füßen getreten, sind der gemeinsten Willkür wehrlos

ausgeliefert. Oh, diese Nächte, wenn wir trotz Übermüdung dann nicht schlafen können, wenn die Tränen rinnen – und noch immer wartet der Tod und erlöst uns nicht. Ach, Mutter, ich will es Dir nicht schwermachen, ich sage ja nur den kleinsten Teil.
Aber wir glauben trotz allem an Gottes Liebe zu uns. Und wenn wir abends auf die Pritsche sinken, empfehlen wir uns doch in Seine Hände und in den Schutz und Schirm unserer Mutter Maria. So hoffen wir, daß der himmlische Vater in Gnaden herabschaue auf uns arme, verstoßene, zertretene Schwestern, die trotz allem an Ihn glauben, Ihn lieben und um Seinetwillen aushalten in diesem ständigen Sterben.
Nun habe ich es Euch schwergemacht, liebe Eltern. Ich wollte aber nur eines: Betet viel für uns, daß wir alles Leid ertragen in Vereinigung mit Christi Leiden und Tod. Betet für uns. Auf Wiedersehen im Himmel.

Der Pavillon

Der Pavillon liegt im Schatten der Abtei. Die weißen Mönche und die grauen Brüder, die Schweine und die Kühe, die grüne Wiese und das Tannenwäldchen und das feierliche Glockengeläute, das siebenmal am Tag aus dem hohen Turm fällt . . ., alles ist von der Abtei.
Auch ich selbst, der hier 1934 die weiße Kutte und den Namen Werenfried erhielt, bin von der Abtei. Ich bin ihr dankbar für das Vertrauen, das sie mir schenkte. Denn ohne den Segen meines Abtes hätte ich niemals als Pilger mit dem Glockengeläute in meinen Ohren und den Chorgesang meiner betenden Mitbrüder in meinem Herzen auf meinen

Streifzug zur Not durch die graue Abteipforte in die weite Welt ziehen können.
Die Ostpriesterhilfe wuchs unter dem Segen des Abtes Emilius Stalmans, der der Segen Gottes war. Das Büro wurde aus meiner unzugänglichen Klosterzelle in ein Zimmer des Exerzitienhauses verlegt. Ein zweites Zimmer wurde annektiert. Ein drittes folgte. Damit war im Tongerloer Exerzitienhaus die Grenze des Möglichen erreicht.
Aber die Ostpriesterhilfe wuchs weiter. In die drei Zimmer kamen immer mehr Schränke, Tische und Stühle, mehr Schreibmaschinen und Telefonapparate und mehr Personal. Die Aktivität quoll durch Türen und Fenster hinaus.
So war es in Tongerlo. So ging es auch in Antwerpen. Das Magazin zog von der Korte-Sinte-Annastraat zu der Van-de-Wervestraat. Dann zur Italienlei. Von dort in die Keller des St.-Norbert-Institutes, die die Katakomben der Liebe genannt wurden. Zur Amerikalei. Zur Brusselstraat. Zur Pecherstraat. Die Ostpriesterhilfe wuchs. Alles wurde zu klein.
Und dann kam der Pavillon. Der Pavillon im Schatten der Abtei mit den weißen Mönchen und den grauen Brüdern, den Schweinen und den Kühen, der grünen Wiese und dem Tannenwäldchen und dem Glockengeläute, das siebenmal am Tag aus dem hohen Turm fällt.
Der Pavillon ist das Hauptquartier und der Stolz der Ostpriesterhilfe. Er wurde schon verwendet, als er noch gar nicht da war! Zuerst gab es den hohen Berg von Liebesgaben unter den wasserdichten Planen, aufgestapelt im Freien. Drumherum wurden die Mauern des Pavillons gebaut. Das Dach wurde einen Meter höher, als es auf den Plänen gezeichnet war, weil die Lumpenballen unseres Altwarendienstes schon höher gestapelt lagen als anfangs vorgesehen. Und der Boden konnte an verschiedenen Stellen erst nach einem Jahr betoniert werden, weil er niemals frei wurde.
Der Pavillon wächst und lebt mit der Ostpriesterhilfe. Er ist immer wieder anders. Er wirkt Wunder mit seinem Kubik-

inhalt. Und er schafft Raum für jede neue Initiative. Er birgt in sich Lumpen und Freiwillige, Lebensmittel und Sekretärinnen, Karteien und Toiletten, Kleider und Autos, Schlafsäle und Schuhe, Juwelen und Maschinen. In seinen weiten Hallen gibt es Pfahlbauten für das feste Personal, Schlafräume für Freiwillige, eine Küche und eine Kantine, siebzehn Büros, fünf Spezialmagazine, Duschen und Waschgelegenheiten, einen Saal für die permanente Ausstellung, eine riesige Kühlkammer, einen Altar für die Betriebsmesse, eine Garage und eine Reparaturwerkstätte für den Wagenpark. Kühne Betonkonstruktionen und halsbrecherische Treppen machen den Raum produktiv bis zum letzten Kubikmeter unter dem Dachfirst. Und tief unten in den Hallen entrollt sich die wüste Berglandschaft von Liebesgaben und Altwaren. Hier schwitzen und schuften die Helfer, die aus ganz Europa dem Weckruf der Ostpriesterhilfe Folge leisten. Hier wird sortiert und gepackt, geschleppt und gepreßt, ausgekippt und geladen für die Kirche in Not. Hier ächzen die Fußböden unter der Last der Liebe. Hier weht der Geist der Ostpriesterhilfe, jung und feurig wie nirgendwo sonst. Der Pavillon ist ein Epos von Phantasie, Fleiß, Edelmut, Improvisation und Organisationstalent.

Hier verarbeiten Freiwillige und bezahlte Mitarbeiter die enormen Mengen Material, die die Liebe Flanderns immer wieder in den Pavillon hineindrängt und die bald, bald nach dem Osten verschickt werden sollen. Wenn es notwendig ist, wird hier Tag und Nacht in drei Schichten gearbeitet, um den Pavillon leer zu bekommen. Aber zur gleichen Zeit quälen sich Sammel- und Transportdienst ab, um ihn wieder zu füllen. Hier war jahrelang der Kommandoposten von Staf, der die Ostpriesterhilfe mitgegründet und groß gemacht hat. Der den Pavillon erträumt und gebaut hat. Hier wurden von ihm neue Pläne geschmiedet und die gewagtesten Kombinationen ausgetüftelt, wenn er mit seinen Chauffeuren und Wagenkommandanten Kriegsrat hielt, wenn er die Kilometer kürzer machte und das Tragvermögen der Lastwagen größer, um sein Magazin leer und wieder voll zu bekommen, am liebsten beides zur gleichen Zeit, leer - voll, leer - voll, im jagenden Rhythmus von Fleiß und Liebe.

Dauernd wird in der kleinen Küche gekocht, wo zuerst Rosa und Gusta und jetzt Tamara und Joséke und Fineke herrschen, um dem festen Personal und einer Gruppe Freiwilliger nach der anderen das schwere Essen vorzusetzen, das bei diesem hohen Arbeitstempo unentbehrlich ist.

Tag und Nacht kommen und gehen die Zehn- und Zwanzigtonner und die Kapellenwagen, saust der Ladelift, stöhnen die elektrischen Pressen, rattert das Transportband ... und schnarchen die abgerackerten Freiwilligen, die gerade keinen Dienst haben.

Zweitausend Tonnen Liebesgaben, Lumpen, Papier, Schuhe, Flaschen, Autoreifen und andere Güter finden Platz im Pavillon: unter den Pfahlbauten, über den Büros, neben den Schlafräumen, hinter der Küche ... bis vor die Tür des Zimmers aus Pappe, das mir als internationales Hauptquartier dient.

Hier kann man erleben, daß ein Schwarm junger Scheutisten, Prämonstratenser oder rotbemützter Weißer Väter sich plötzlich in der Halle niederläßt, um die Theologie gegen Schwerstarbeit im Dienst der Kirche in Not zu tauschen. Hier haben die Löwener Studenten auf dem Höhepunkt der Ungarnaktion Tag und Nacht in Schichten von fünfzehn Freiwilligen ihren Mann gestellt. Hier haben die Mädchen von Flandern monatelang mit rührender Sorge und froher Liebe Medikamente, Süßigkeiten, Lebensmittel und Kleider sortiert, verpackt und in den gemarterten Osten verschickt. Genauso wie die Mädchen der Tombola und die Adressenschreiberinnen unserer Karteien wohnten sie mit den festangestellten internationalen Sekretärinnen der Ostpriesterhilfe im Haus „Magdeburg“, einem baufälligen feuchten Gebäude, das im Dorf gemietet wurde und in dem un-

glaubliche Mengen freiwillig mithelfender Mädchen übernachten konnten.
Im Pavillon liest man auf turmhohen Paketstapeln Anschriften in allen Sprachen des Ostens, zungenbrecherische, fast unaussprechliche Namen von emigrierten Seelsorgern im Westen und von verfolgten Priestern hinter dem Eisernen Vorhang, die auf den bedrohten Vorposten des Gottesreiches stehen. Hier ist die Lebensmittelabteilung mit Holzgestellen, die sich unter der Last von Sardinen, Dosenmilch, Corned-beef, Makkaroni, Lebkuchen und Schokolade biegen. In der Ecke die blaßrote Riesensäule von Würfelzucker-Kartons aus Tirlemont, massiv und unvergänglich, weil immer mehr hereinkommt als verschickt werden kann. Im Kühlschrank hängen in langen Reihen geräucherte Würste und die königlichen Schinken, vorgestern vom Wagen der Barmherzigkeit aus Ost- und Westflandern mitgebracht.

Einige Schritte weiter ist das Heiligtum der robusten Pauline, die mit ihren italienischen Focolarinen den Paketdienst besorgt. Auf einer geschenkten prähistorischen Nähmaschine wird fieberhaft an Säumen von 60 Bettüchern gearbeitet, die dringend für ein Seminar im Osten verlangt wurden. Wie in einem Textilgeschäft liegen hier die Coupons bunter und dunkler Stoffe Brett über Brett. Und in ordentlichen Fächern liegen Hemden, Hosen, Strümpfe, Schuhe, Pullover, Blusen, Röcke und Schürzen, alles nach Größen sortiert, um bei einer Bedarfsmeldung versandt zu werden. Die Dienstnotizen und Briefe, die für die tragischsten Notfälle um Hilfe flehen, werden hier mit Liebe beantwortet durch Pakete, zum Bersten voll mit Dingen, die die Armen in Erstaunen versetzen, daß gerade daran von der Ostpriesterhilfe gedacht wurde.
In diesen Pavillon kommen auch während der Ferien die Priesterlehrer der westflämischen Kollegs mit ihren Schülern, jede Woche neue Gruppen, die miteinander wetteifern, den Tagesrekord der fertiggestellten Ballen zu schlagen.

Hier ist das Reich von Staf und Fusch und Jan und Miel, von Heinz und Stafke, von Jules und Dietmar und Luigi, von Franske und Frans und Sus und Sooi, von Guy, Joris und dem langen Gust, von Bill, Renéke, Remi und Richard und von allen wilden Kerls aus Ost und West, die durch diese Hallen gingen oder drin hängenblieben, die ihre Gesundheit und ihre Familien vernachlässigen würden, wenn nicht der kleine Direktor, Pater Kets, oder ich selbst sie rechtzeitig zu Bett oder nach Hause jagten.
Hier hausen die Seminaristen und Studenten, die überanstrengt sind oder eine Abwechslung brauchen, um wieder fit zu werden. Hier ist der Treffpunkt mit der immer offenen Tür für die ölverschmierten Chauffeure, die lachend und müde aus ihren Kabinen steigen, um bald wieder nach Berlin, Wien oder Flensburg zu fahren, so selbstverständlich, als ob es ein kleiner Sonntagnachmittagausflug wäre.
Hier unterhält die Versandbatterie von Fritz, Ricardo, „Paterke“ Van Haesenbroeck und Michel das Trommelfeuer von Millionen „Echos der Liebe“, mit denen Belgien, Holland, Deutschland, die Schweiz, Österreich, Frankreich und Italien dauernd bombardiert werden. Hier werden Karteien mit Hunderttausenden von Adressen geführt, gesäubert, gruppiert und ausgemolken. Hier werden die edelmütigen Reaktionen der Wohltäter sorgfältig registriert, die Dankschreiben verschickt, die neuen Bettelbriefe redigiert und übersetzt, Telefonbücher abgeschrieben, eventuelle zukünftige Wohltäter ermittelt und alles Denkbare unternommen, um der wohlhabenden westlichen Christenheit das Geld aus der Tasche zu ziehen.
Hier ist auch der mechanografische Dienst mit automatischem Adressenschreiber und mit den Stanzmaschinen für die eiserne Kartei. Hier thront inmitten von Rechenmaschinen und Ordnern der gestrenge Mijnheer Lumens, herrschend über eine Buchhaltung, die stabil ist wie in einem Millionengeschäft. Hier ist die Budgetabteilung mit einem ursoliden

Schweizer an der Spitze. Der Juwelendienst. Der Ausstellungssaal, wo eine Gruppe Besucher nach der anderen mit Schwung und Phantasie in die Geschichte, Zielsetzung, Arbeitsmethode und Notwendigkeit der Ostpriesterhilfe eingeweiht wird, bis sie bestürzt bemerkt, daß ihre letzte Banknote den Weg zur verfolgten Kirche eingeschlagen hat. Hier ist auch mein eigenes Sekreteriat mit nervösen Schreibmaschinen, Elfriede, weißglühenden Telefonleitungen, Tonny, Weltkarten, Diktaphon, Stößen von Briefen, Mappen, Koffern und den Überresten einer kurz vor meiner Abfahrt hastig verschlungenen Mahlzeit.
Nichts ist hier unwichtig. Niemand ist hier überflüssig. Jeder fand und findet hier eine Aufgabe im Dienst dieses sonderbaren Werkes. Hier sortiert Tuurke seine Schuhe und Mijnheer Savate seine Medikamente. Hier zählt Miel die Ballen im Magazin und die Esser in der Kantine. Hier reparierte Werner, der frühere U-Boot-Fahrer, Schallverstärker, Filmapparate und Motoren, bis er genauso spurlos verschwand, wie er einmal aufgetaucht war. Hier baute Clément Treppen, Schlafräume und neue Büros mit dem gleichen Fleiß, mit dem er früher für die deutsche Wehrmacht Bunker gebaut hatte. Hier residierte Leo, ruhelos tätig, um seine Ausfuhrgenehmigungen, seine Arbeitsprogramme, seinen Transportdienst, seine Rührung und seine Nerven zu meistern. Hier füllte Mariette stoßweise Formulare für den Sammeldienst aus, für die Versicherung der Lastwagen und für die Kuh, die von einem Kapellenwagen totgefahren wurde. Hier dirigierte Germaine, klein, aber tapfer, viele Jahre lang und meist mutterseelenallein Sekretariat, Buchhaltung und Predigtprogramm mit der Regelmäßigkeit einer Uhr und mit all der Willenskraft, die notwendig war, um dieses merkwürdige Unternehmen und mich selbst zu einem Minimum an Ordnung zu zwingen. Ach ja, wo sind sie geblieben, die treuen Seelen, die hier ihre besten Jahre verbracht haben, die rohen Kerle, die aus der Fremdenlegion oder aus dem Gefängnis

kamen, die Idealisten und die Verrückten, die schwierigen Charaktere, angeschlagen durch bittere Enttäuschungen, die Zänker und die Säufer, die Quasseltrinen und die Träumer, die Selbstlosen und die Profiteure, die Artisten und die Heiligen und die vielen anderen, die uns geholfen und mitunter gehindert haben, je nach dem Maß ihres Vermögens, aber die wir dennoch nicht entbehren konnten und denen wir dankbar bleiben für alles, was sie aus Liebe für die Ostpriesterhilfe getan haben.

Der Pavillon ruft Erinnerungen wach an die vielen, vielen Helfer, die kamen und gingen oder die zusammenbrachen, wie der gute Pater Vervinckt, der letzte der Flamen, dem es mit seinem treuherzigen Wort, seiner Überlegenheit beim Billard, seinem gesunden Menschenverstand, seiner Sorge um eine gute Küche, seiner wöchentlichen Predigt und seiner unumstrittenen Autorität als Bogenschütze jahrelang gelang, die Kirche im Dorf und viele labile Mitarbeiter im Gleichgewicht zu halten.

Die Ostpriesterhilfe ist kein normales Unternehmen, sondern eine vielleicht vorübergehende Aktion für eine hoffentlich vorübergehende Not. Keine einzige Firma hätte man aufbauen können mit der exotischen Sammlung von Mitarbeitern und Mitarbeiterinnen, die aus allen Ecken Europas zu diesem Pavillon strömten. Keine einzige Firma hätte dieses Personal überlebt. Und dennoch hat der Herrgott mit diesem Trupp armer Sünder, zu denen ich mich ebenfalls zähle, unglaublich viel Gutes gestiftet und Wunder der Liebe gewirkt. Von all diesem war der Pavillon Zeuge. Und deshalb habe ich diese weiten Hallen so leidenschaftlich lieb, wo die Steine sprechen und der Beton warm ist von Liebe; wo die Jugend sich abrackert, um andere glücklich zu machen; wo man sich Freude zuwirft und wo der Frohsinn triumphierend davonfährt; wo die Sonne eingefangen und, auf Lastwagen geladen, in die Finsternis gebracht wird.

Dies ist der Pavillon der Ostpriesterhilfe im Schatten der Ab-

tei von Tongerlo, umgeben von einem Chaos der an- und abfahrenden Laster und fahrenden Kirchen, dicht bei den Weißen Mönchen, den Kühen und den Schweinen, inmitten des stillen Kempenlandes. Schlagendes Herz einer jungen Bewegung. Zentrale der Liebe, des Geistes und des guten Willens im Dienst der Kirche in Not.
Wieder läuten die Glocken. Die Mönche schreiten in weißem Zug zum Chor. Ein junger Priester, der ein Kreuz schlägt, singt mit hoher Stimme das „Deus, in adjutorium meum intende . . .“, den Anfang des feierlichen Gebetes, das siebenmal am Tag gesungen wird für die Nöte der Weltkirche . . .

Ein Toter lebt weiter

Mit weißen Nelken und zartem Grün hatten wir den schönsten Saal der Prälatur geschmückt, und wir hatten ihn niedergelegt auf einem Prunkbett, wo flackernde Kerzen und betende Mönche ihn umringten vom Morgen bis zur Nacht. Prälat Emilius Stalmans, Abt von Tongerlo, war tot. In seinem 56. Lebensjahr, dem 35. seiner Klosterprofeß, dem 31. seines Priestertums und dem 16. seiner Abtswürde, hat Gott ihn hinweggenommen aus seiner Abtei, die rauschend war von Gebeten und summend von Aktivität. Hinweggenommen aus dem Kreis seiner weißen Söhne, die von dem Altar ihrer Profeß ausgeschwärmt sind nach drei Kontinenten, getrieben von seiner Begeisterung, geführt von seiner Weisheit und getragen in seinem Vaterherzen.
Er lag still und ruhig. Den Zug der Güte unverändert auf dem edlen Antlitz. Zwischen den gefalteten Händen das

harte Kreuz. Die weiße, schmucklose Mitra auf dem Kopf. Der Krummstab – unter dem so gut leben war – im leicht gebogenen Arm. Über ihm das antike Kreuz mit dem gloriosen Christus, der schon jahrhundertelang tröstend über den gestorbenen Äbten stand. Am Fußende sein Wappen mit dem guten, nie verratenen Leitspruch: „Multae misericordiae et verax". Und rundherum die Mitbrüder und die einfachen Menschen aus dem Dorf, die Familie und die vielen Freunde, die dauernd kamen und gingen, um segnend von ihm Abschied zu nehmen.

Er war ein großer und edler Mensch. Schon als Novizenmeister ging ein Einfluß von ihm aus, der sich als unzerstörbar erwiesen hat. Er war der Leiter der kämpfenden flämischen Jugend bis weit außerhalb der grauen Mauern von Tongerlo. Mit Löwenfahnen und all ihren Idealen kamen sie zur alten Abtei, um ihm zuzuhören und von ihm verstanden zu werden. Seine geistlichen Konferenzen waren wie Hammerschläge, mit denen er seine jungen Novizen – leider nur wenige Jahre – schmiedete zu dem eisernen Paulus und dem felsenfesten Norbertus, von denen er so erfüllt war.

Nach Rom gerufen, wurde er in einer internationalen Gemeinschaft das warme Herz und das psychologische Genie, das alle Gegensätze überbrückte, der sorgenvolle Vater, der alles für alle war.

Und seit 1937 war er unser großer, starker, alles verstehender, weitherziger, guter, guter Abt in Tongerlo. Er war offenen Sinnes für jeden Plan und für jede wagemutige Initiative. Er hatte Vertrauen in seine Untergebenen. Er vergaß ihre Fehler, er war stolz auf ihre Leistungen. Er unterstützte und segnete alles, was gut war. Er fürchtete sich nicht, die Verantwortung zu tragen für das, was mit seiner Genehmigung unternommen wurde. Unter seiner Leitung wuchsen in unserer Abtei die Pioniere heran, die experimentierten und neue Wege suchten, die jungen Wagehälse des Gottesreiches. Niemals hat er einen von ihnen im Stich gelassen bei den

Schwierigkeiten, die jede Pionierarbeit unvermeidlich mit sich bringt.
Zweimal zog er nach Afrika, um unsere Besten in ihrem übermenschlich schweren Apostolat begreifen zu können. Täglich betete er um viele neue und heiligmäßige Prämonstratenser, damit er imstande sei, die gelichteten Reihen unserer Missionare aufzufüllen. Er war die moralische Stütze unseres guten Paters van Clé, in seinem ruhelosen apostolischen Eifer. Er segnete die Schönheit, die Künste und die Wissenschaften, die von den Confratres gepflegt wurden. Er ermutigte die verborgenen Arbeiter bei ihrer grauen, aber unerläßlichen Tätigkeit für die Abtei. Er segnete den *Toren,* die tapfere und ehrliche Monatsschrift der Abtei, die in einer Zeit der Feigheit und des Unrechts mit *seiner* Genehmigung die Wahrheit und die Liebe predigte. Er förderte den Glanz des Kultes und segnete das liturgische Apostolat, das aus dem Kult organisch erwuchs. Er gründete drei Klöster und gab ihnen die besten Mitbrüder, die er finden konnte. Er war Pater-Abbas zweier kontemplativer Norbertinerinnenklöster, denen er mit äußerster Sorge nachging.
Er war der Obere, der mir den Auftrag gab, mein Leben in den Dienst der Flüchtlinge und Verfolgten zu stellen. Er war der kluge Präsident der Ostpriesterhilfe und hatte den Mut, seine Augen nicht vor der Wirklichkeit zu verschließen. Er hat geweint in den Bunkern Frankfurts, und auf einem Mansardenzimmer ist er neben mir niedergekniet vor dem Sanktissimum im Kleiderschrank eines Rucksackpriesters. Stundenlang hat er dem Bericht der Not und den kühnen Plänen zugehört, die ich ihm zur Genehmigung unterbreitete. Er hat seine ganze moralische Autorität in die Waagschale geworfen, um den Widerstand gegen unser Werk der Liebe zu brechen. Er hat die Ostpriesterhilfe geliebt, gefördert, unterstützt und verteidigt bis in das allerletzte Gespräch, das ich zwei Tage vor seinem unerwarteten Tod mit ihm führte.
Ach, was haben wir verloren! Guter Abt Stalmans. Wie ha-

ben wir dich beladen mit all unseren Sorgen. Wie haben wir dein großes Herz beansprucht und verbraucht. Wie haben wir und Unzählige von draußen maßlos deine Zeit, deine Liebe, deine Weisheit, deine Erfahrung und dein unermeßliches Begreifen gefordert. Wir wußten doch, daß deine Gesundheit nicht blühend war. Aber wir brauchten dich. Und du hast dich niemandem verschlossen. Keinen Dienst wolltest du verweigern. Keinen Bedrückten wolltest du ungetröstet gehen lassen. Du warst alles für alle, bis du dich ganz verausgabt hattest. Und dann warst du reif für Gott . . .

Du bist gestorben am 13. April 1953, aber dein Andenken muß lebendig bleiben. Ohne dich würde es keine Ostpriesterhilfe geben. Deshalb soll dein Name auf den ersten und auf den letzten Seiten dieses Buches stehen. Im Namen der Flüchtlinge und Verfolgten danke ich dir, weil wir mit der Hilfe deiner väterlichen Freundschaft dieses Werk beginnen durften. Und wir bitten um deine Fürsprache beim Allmächtigen, auf daß wir in Seiner Kraft und mit Seinem Segen vollenden mögen, was hier von dir und uns begonnen wurde.

Fotonachweis:

Martien Coppens, Eindhoven: Titel, 1–4, 6, 8–10, 15; Cuypers, Louvain: 23, 24; dpa-Bild, Frankfurt/Main: 22; Humer, Waizenkirchen: 32; Kirche in Not/Ostpriesterhilfe, Königstein: 16, 21, 25–29, 30; Klemm, Königstein/Taunus: 17; KNA-Bild, Frankfurt/Main: 5, 11, 12/13, 14, 18, 20, 31; Luftamt Hamburg: 19; Pillat, Rothenfels/Main: 7.

Kirche in Not/ Ostpriesterhilfe

Weitere Informationen über die Arbeit des vom Speckpater gegründeten internationalen Hilfswerks erhalten Sie bei Kirche in Not/Ostpriesterhilfe e. V.:

In Deutschland Albert-Roßhaupter-Straße 16,
Postfach 70 10 27, 8 000 München 70,
Telefon (0 89) 7 60 70 55

in der Schweiz Hofstraße 1,
6004 Luzern, Telefon (0 41) 51 46 70

in Österreich Postfach 96,
1172 Wien, Telefon (02 22) 42 25 53

in Südtirol Seminargasse 4,
39042 Brixen, Telefon (04 72) 3 22 18

in den belgischen Ostkantonen Rue Joseph Vrindts 46,
4020 Lüttich, Telefon (0 41) 41 39 53